TRASLADOS DE RESIDUOS DE ENVASES DE PLÁSTICO Y ECONOMÍA CIRCULAR

Pᴜʙʟɪᴄᴀᴄɪᴏɴꜱ ᴅᴇ ʟᴀ Uɴɪᴠᴇʀꜱɪᴛᴀᴛ Rᴏᴠɪʀᴀ ɪ Vɪʀɢɪʟɪ

Av. Catalunya, 35 - 43002 Tarragona

Tel. 977 558 474 · publicacions@urv.cat

www.publicacions.urv.cat

1ª. edición: julio de 2025

ISBN (papel): 978-84-1365-173-6

ISBN (PDF): 978-84-1365-174-3

DOI: 10.17345/9788413651736

Depósito legal: T 847-2024

TRASLADOS DE RESIDUOS DE ENVASES DE PLÁSTICO Y ECONOMÍA CIRCULAR

Procedimientos y mecanismos de control en origen y destino

Marià de Visa Cases

Tarragona, 2025

Contenidos

Siglas, acrónimos y definiciones

Convenio de Basilea: Convenio de Basilea sobre el control de los movimientos transfronterizos de los desechos peligrosos y su eliminación, de fecha 22 de marzo de 1989.

COP: Conferencia de las Partes (del inglés, *Conference of the Parties*).

Decisión OCDE: Decisión C (2001) 107 final del Consejo de la OCDE, relativa a la revisión de la Decisión C (92) 39 final, sobre el control de los movimientos transfronterizos de residuos destinados a operaciones de valorización.

Directiva sobre Envases: Directiva 94/62/CE del Parlamento Europeo y del Consejo, de 20 de diciembre, relativa a los envases y residuos de envases (DOCE núm. 365, de 31 de diciembre de 1994).

Directiva Marco sobre Residuos: Directiva 2008/98/CE del Parlamento Europeo y del Consejo, de 19 de noviembre, sobre los residuos y por la que se derogan determinadas Directivas (DOUE núm. 312, de 22 de noviembre de 2008).

Directiva 2008/99: Directiva 2008/99/CE del Parlamento Europeo y del Consejo, de 19 de diciembre, relativa a la protección del medio ambiente mediante el Derecho Penal (DOUE núm. 328, de 6 de diciembre de 2008).

Directiva 2018/851: Directiva (UE) 2018/851 del Parlamento Europeo y del Consejo, de 30 de mayo, por la que se modifica la Directiva 2008/98/CE sobre los residuos (DOUE núm. 150, de 14 de junio de 2018).

Directiva 2018/852: Directiva (UE) 2018/852 del Parlamento Europeo y del Consejo, de 30 de mayo, por la que se modifica la Directiva 94/62/CE relativa a los envases y residuos de envases (DOUE núm. 150, de 14 de junio de 2018).

EFTA: Asociación Europea de Libre Comercio (del inglés, *European Free Trade Association*).

Enmienda para Plásticos: Decisión de las Partes BC-XIV/12, «Enmienda de los anexos II, VIII y IX del Convenio de Basilea».

Estrategia sobre Plástico: «Una estrategia europea para el plástico en una economía circular»; COM (2018) 28 final.

Ley 7/2022: Ley 7/2022, de 8 de abril, de residuos y suelos contaminados para una economía circular (BOE núm. 85, de 9 de abril de 2022).

OCDE: Organización para la Cooperación y el Desarrollo Económicos

ONU: Organización de las Naciones Unidas

PNUMA: Programa de las Naciones Unidas para el Medio Ambiente

Propuesta de Reglamento sobre Traslados: Propuesta de Reglamento del Parlamento Europeo y del Consejo, de 17 de noviembre, relativa a los traslados de residuos y por el que se modifican los Reglamentos (UE) 1257/2013 y (UE) 2020/1056; COM 2021 709 final.

RAP: Responsabilidad ampliada del productor

RD 1055/2022: Real Decreto 1055/2022, de 27 de diciembre, de envases y residuos de envases (BOE núm. 311, de 28 de diciembre de 2022).

RD 553/2020: Real Decreto 553/2020, de 2 de junio, por el que se regula el traslado de residuos en el interior del territorio del Estado (BOE núm. 171, de 19 de junio de 2020).

Reglamento sobre Traslados: Reglamento (CE) 1013/2006 del Parlamento Europeo y del Consejo, de 15 de junio, relativo a los traslados de residuos (DOUE núm. 190, de 12 de julio de 2006).

Reglamento 1418/2007: Reglamento (CE) 1418/2007 de la Comisión, de 29 de noviembre, relativo a la exportación, con fines de valorización, de determinados residuos enumerados en los Anexos III o IIIA del Reglamento (CE) 1013/2006 del Parlamento Europeo y del Consejo, a determinados países a los que no es aplicable la Decisión de la OCDE sobre el control de los movimientos transfronterizos de residuos (DOUE núm. 316, de 4 de diciembre de 2007).

SDDR: Sistema de depósito, devolución y retorno

TJUE: Tribunal de Justicia de la Unión Europea

UE: Unión Europea

Prólogo

La introducción del plástico en el mercado en los años 50 fue un invento revolucionario, ya que permitía aligerar envases para hacer más amable el transporte de productos, por ejemplo. Su versatilidad y durabilidad propició la fabricación de productos de todo tipo, útiles para la sociedad en el ámbito sanitario, laboral y del consumo, entre otros. Sin embargo, la materia prima del plástico virgen es el combustible fósil —el petróleo— lo que contribuye al calentamiento del planeta y al cambio climático. Su durabilidad, debido a su composición de polímeros y aditivos químicos, dificulta la valorización de este material y, por lo tanto, su reciclaje. Asimismo, muchos de estos productos de plástico acaban llegando a los mares y océanos como basura dispersa, ya sea porque no han llegado a los canales formales de gestión de residuos, porque se han desprendido de los productos (como son los productos textiles, en los lavados) o porque se han extraviado de los procesos productivos (los conocidos como pélets y microplásticos). Son de especial consideración los llamados plásticos de un solo uso, los cuales han ido en augmento y, a pesar de la prohibición de algunos de ellos, siguen generando un problema ambiental grave. Todo ello, comporta una contaminación por plásticos a nivel mundial con las correspondientes consecuencias perjudiciales para la salud humana y los ecosistemas y, en definitiva, el medio ambiente.

Actualmente, se generan al año 430 millones de toneladas de plástico, con tendencia a ir en augmento[1] (se calcula que para 2060 sea de 1200 millones de Toneladas)[2]. Tan solo un 9 % se recicla[3] y un 2 % de los embalajes de plástico se reciclan en circui-

1 Según el PNUMA, «La humanidad produce más de 430 millones de toneladas de plástico al año, dos tercios de las cuales son productos de vida corta que en poco tiempo se convierten en desechos, que inundan los océanos y, a menudo, invaden la cadena alimentaria humana», <https://www.unep.org/es/noticias-y-reportajes/reportajes/todo-lo-que-necesitas-saber-sobre-la-contaminacion-por-plasticos >

2 «Plastics use is projected to almost triple, from 460 Mt in 2019 to 1 231 Mt in 2060». OECD, Global Plastics Outlook. Policy Scenarios to 2060, 2022. p. 26. <https://www.oecd.org/en/publications/global-plastics-outlook_aa1edf33-en.html>

3 OECD, Global Plastics Outlook, Economic Drivers, Environmental Impacts and Policy Options, 2022.

to cerrado,[4] y se recupera de forma efectiva. El resto, en el mejor de los casos, acaba incinerándose y generando gases de efecto invernadero o, en mayor medida, en un vertedero controlado.[5] En cambio, un porcentaje muy elevado acaba en vertederos incontrolados. Esto genera grandes cantidades de basura dispersa, flotando en los mares y océanos de todo el planeta, y crea los conocidos «mares de plástico». Además, estos plásticos normalmente no acaban en el lugar donde se generan, donde se fabrican y donde se usan, sino que acaban en la otra punta del planeta, en lugares donde aún tienen menos medios para gestionar los residuos plásticos, lo cual agrava su situación social. La gran mayoría de estos plásticos son envases o embalajes.[6]

El plástico, por el tipo de composición, no desaparece, en todo caso se desmenuza en partículas que acaban convirtiéndose en microplásticos y nanoplásticos. También son microplásticos los componentes iniciales con los que se crean los productos, los conocidos como pélets —o *nurdles*, en inglés—, que también acaban en el ambiente por accidentes o por falta de diligencia en los procesos de fabricación.

Se ha comprobado que estos plásticos y sus componentes, en mayor medida polímeros, generan un alto impacto en las cadenas tróficas y en los ecosistemas, así como en la salud humana como disruptores, principalmente. Cada vez hay estudios más concluyentes sobre los efectos en la salud de los químicos que incorporan los plásticos como disruptores endocrinos, que pueden afectar a la calidad y fertilidad del esperma, causar cáncer, endometriosis, pubertad precoz, discapacidades neurológicas y del aprendizaje, anormalidades en los órganos sexuales, afectación al crecimiento al sistema nervioso y al sistema inmune e, incluso, llevar a enfermedades respiratorias, cardiovasculares y metabólicas. En especial, se apunta —aunque se discute— un incremento sustancial del riesgo de derrame cerebral, ataque al corazón y muerte prematura en personas cuyos vasos sanguíneos se hubieran contaminado con plásticos microscópicos.[7]

La comunidad internacional (174 países), consciente de la envergadura de esta problemática, se ha propuesto aprobar un acuerdo internacional vinculante sobre

---

4 The new plastics economy: rethinking the future of plastics & catalysing action, Ellen Mc Arthur Foundation, 2016.

5 «Cada año, más de 280 millones de toneladas de productos plásticos de vida corta terminan en la basura. En total, el 46 % de los residuos plásticos se deposita en vertederos municipales, mientras que el 22 % se gestiona de manera inadecuada y se convierte en basura». PNUMA. Cit.

6 «El sector del envasado y empaquetado es el mayor generador de desechos plásticos de un solo uso en el mundo. Aproximadamente el 36 % de todos los plásticos producidos se utilizan en envases o embalajes. Esto incluye los embalajes de plástico de un solo uso de alimentos y bebidas, el 85 % de los cuales acaban en vertederos o como residuos gestionados de forma inadecuada». PNUMA. Cit.

7 Leonardo Trasande, Roopa Krithivasan, Kevin Park, Vladislav Obsekov, Michael Belliveau, "Chemicals Used in Plastic Materials: An Estimate of the Attributable Disease Burden and Costs in the United States", *Journal of the Endocrine Society*, Volume 8, Issue 2, February 2024, bvad163; Raffaele Marfella, Francesco Prattichizzo, Celestino Sardu, Gianluca Fulgenzi, Laura Graciotti, Tatiana Spadoni, Nunzia D'Onofrio, Giuseppe Paolisso "Microplastics and Nanoplastics in Atheromas and Cardiovascular Events" *N Engl J Med* 2024;390:900-910, March 6, 2024 VOL. 390 NO. 10. Microplastics and Nanoplastics in Atheromas, *N Engl J Med* 2024;390:1726-1728, May 8, 2024, VOL. 390 NO. 18

contaminación plástica que incluye el ambiente marino. La resolución 5/14 de la Asamblea Ambiental de Naciones Unidas, conocida como UNEA (por sus siglas en inglés), fue el punto de partida. *A priori,* el texto definitivo debería ver la luz a finales de 2024, tras la celebración del último comité de negociación intergubernamental (INC-5), que tendrá lugar del 25 de noviembre al 1 de diciembre en Busan (Corea del Sur), pero todo apunta a que las negociaciones van a retrasar el momento de aprobación y entrada en vigor de este texto. El primer texto borrador con las diferentes redacciones que cubren varios niveles de exigencia logró adoptarse en el INC-3, ahora falta que los países se pongan de acuerdo para adoptar el texto que deberá aprobarse y que será vigente para todas las partes firmantes.

La Unión Europea también ha tomado cartas en el asunto, ya que aprobó en 2018 «una estrategia europea para el plástico en una economía circular»[8] y, en 2019, el Pacto Verde Europeo. Además, ha regulado la situación a través de instrumentos normativos vinculantes, como son, por ejemplo, la Directiva que regula los productos de plásticos de un solo uso (Directiva (UE) 2019/904) y el Reglamento de envases y residuos de envases, aprobado en abril de 2024, pendiente aún de publicación y, por tanto, de entrar en vigor, entre otros. Recientemente, se ha aprobado el Reglamento (UE) 2024/1157, del Parlamento Europeo y del Consejo, de 11 de abril de 2024, relativo a los traslados de residuos, por el que se modifican los Reglamentos (UE) n.º 1257/2013 y (UE) 2020/1056, y se deroga el Reglamento (CE) n.º 1013/2006, que aporta algunas novedades en relación con los residuos plásticos y su traslado. Por ejemplo, la lista de residuos a los que afecta la prohibición y garantiza apunta que también se deben incorporar los residuos enumerados en el anexo II del Convenio de Basilea, que incluye ciertos residuos plásticos difíciles de reciclar.

En el ámbito estatal, la Ley 7/2022, de residuos y suelos contaminados para una economía circular transpuso la última modificación de la Directiva Marco de Residuos (Directiva (UE) 2018/851), así como la Directiva de plásticos de un solo uso. Incluso, ha adoptado medidas que van más allá, como el impuesto al plástico. Destaca, a su vez, el Real Decreto 1055/2022, de 27 de diciembre, de envases y residuos de envases.

¿Cómo se producen los productos de plástico?, ¿con qué componentes y en qué cantidad? Son preguntas importantes que debemos plantearnos como sociedad y que están sobre la mesa. Asimismo, es relevante, una vez puesto el producto de plástico en el mercado, establecer medidas para alargar su vida tanto como sea posible. Una vez se convierte en residuo la gestión del mismo adquiere un papel trascendental. El preparado para la reutilización y el reciclaje, deben ser la primera opción. En caso de no ser posible se valorizará energéticamente, para intentar obtener otro valor de ese producto y, finalmente, como última opción se planteará la eliminación. La ley cada vez es más exigente con la jerarquía de residuos expuesta con la voluntad de reducir la

8 COM (2018) 28 Final. Comunicación de la Comisión al Parlamento europeo, al Consejo.

eliminación a la mínima expresión y con la voluntad de lograr una efectiva economía circular. Llegados a este punto nos planteamos las siguientes cuestiones: ¿cómo se gestiona el residuo plástico? y ¿dónde se gestiona?

La obra que tienen en sus manos, *Traslados de residuos de envases de plástico y economía circular: procedimientos y mecanismos de control en origen y destino*, da respuesta a estas dos preguntas y ahonda especialmente en la problemática de la gestión de los residuos plásticos, en concreto, los envases de plástico, en lo que a su traslado se refiere.

Esta publicación es el resultado del Trabajo de Final de Máster que llevó a cabo el autor en el marco del máster universitario en Derecho Ambiental de la Universidad Rovira i Virgili y del CEDAT del curso 2023-2024, que recibió la máxima calificación y que tuve el placer de dirigir. Ello ha permitido que, con las correspondientes adaptaciones para su publicación, este trabajo haya visto la luz en formato de libro. Este trabajo, a su vez, forma parte del proyecto de investigación «Cambio climático y residuos plásticos: desafíos jurídicos de la economía circular como paradigma para la tutela de la salud y la justicia planetarias»[9], conocido como *JustCircular*, en el que la tutora es la investigadora principal. El autor ha sabido abordar un tema de alta complejidad con mucha soltura, rigor y acierto. Es encomiable, asimismo, el hecho de que ha adaptado el trabajo a la reciente actualidad legislativa y ha incorporado el nuevo Reglamento europeo sobre traslado de residuos.

En las páginas que siguen a este prólogo encontrarán un estudio cuidadoso del régimen jurídico de los traslados de residuos de envases de plástico, de los que tienen carácter interestatal — entre comunidades autónomas—, de los que comportan un traslado de residuo a otro país, miembro de la Unión Europea y de los trasladados a un país externo a la Unión Europea, tanto en una dirección como en otra; es decir, tanto los que se envían como los que se reciben.

Antes de abordar el régimen jurídico de estos residuos y de su traslado, el autor introduce la materia y el concepto, y el principio de economía circular, como «nuevo» paradigma que debe regir toda política de residuos en contraposición a la economía lineal. Focaliza este principio en las consecuencias sobre los productos plásticos entorno a su producción, y apuesta por el llamado «ecodiseño», la prevención y la sostenibilidad, así como por la recogida y gestión de estos productos cuando se convierten en residuos, con el fin de entrar en el detalle de los objetivos que exige la normativa actual. Posteriormente, el autor se centra en el núcleo del trabajo, los traslados de residuos de envases de plástico, para aproximarse a su concepto, las causas y la problemática suscitada tanto por los traslados extraestatales como interestatales. Para ello, estudia de manera detallada su régimen jurídico, establecido por los instrumentos jurídicos internacionales, de la Unión Europea y del Estado

9 Convocatoria 2020. Proyecto de I+D+i -RTI Tipo A. Periodo 2021-2024. Proyecto PID2020-15551RA-I00 financiado por MICIU/AEI /10.13039/51100011033.

español, para constatar la dispersión de la normativa existente. El autor, profundiza en la necesaria colaboración, cooperación y fiscalización de estas tareas de traslado de residuos, para luego abordar la importancia de la prevención y la tipificación penal en caso de que el traslado de residuos sea ilícito y constitutivo de delito. El siguiente bloque del trabajo se detiene en el estudio específico y minucioso de los traslados de residuos de envases de plástico dentro de la Unión Europea, en lo que se refiere a los procedimientos administrativos requeridos y al control de que se realicen de forma correcta tanto en origen como en destino. Posteriormente, se presta atención del mismo modo a los traslados de residuos de envases de plástico hacia (o desde) terceros países. Finalmente, el autor expone unas conclusiones a modo de reflexiones finales y críticas, con el fin de aportar propuestas para mejorar el sistema actual.

El tema de estudio es de ardua actualidad y consideramos que va a ser de mucha utilidad para la práctica del derecho administrativo y ambiental, para aportar luz a la aplicación de una normativa compleja y dispersa. Por ello, es muy importante y necesario contar con trabajos jurídicos de este tipo.

Finalmente, solo me queda felicitar al autor por su gran labor y recomendarles la lectura de esta obra.

Aitana De La Varga Pastor
Tarragona, 1 de octubre de 2024

1. Introducción

El presente trabajo tiene por objeto el estudio de los traslados de residuos de envases de plástico en el marco de la «economía circular», desde una perspectiva eminentemente jurídica, en cuanto que modelo propugnado actualmente para extender el ciclo de vida de los productos, y, a su vez, reducir al mínimo sus desechos ante los riesgos e implicaciones del patrón tradicional de «usar y tirar».

De este modo, el presente trabajo queda encuadrado en el contexto globalizado actual, muy marcado por la crisis ambiental, que enfrenta la humanidad como uno de sus grandes retos y se proyecta, específicamente, sobre los traslados de residuos de envases de plástico —principal categoría de desechos plásticos generados, en proporción—. Su interés reside, sobre todo, en el estudio de los medios y técnicas de intervención, verificación y control de dichos traslados por su enorme significación en la senda hacia la «economía circular».

En adelante, tal estudio se lleva a cabo desde la doble perspectiva del Derecho internacional (y regional de la UE) y nacional de España, en relación con sus respectivos regímenes aplicables al traslado de residuos de envases de plástico, tanto intraestatales como transfronterizos (dentro y fuera de la UE). Se trata de verificar, en particular, las similitudes y diferencias, y las fortalezas y debilidades entre dichos regímenes, tomando en cuenta las tendencias experimentadas sobre traslados, especialmente tras las últimas actualizaciones y enmiendas introducidas en la legislación de referencia, así como las políticas y prohibiciones impuestas por algunos países tradicionalmente importadores de desechos plásticos, como China.

Según va a poder comprobarse, como principal hipótesis formulada, el traslado de residuos de envases de plástico —sobre todo, transfronterizo— representa, al mismo tiempo, una amenaza y una oportunidad para asegurar la circularidad en la economía dentro y fuera de la UE, atendiendo, en particular, a los mecanismos de control de su tratamiento y reciclado en destino (esto es, por los países receptores de dichos residuos), así como a la eficacia de tales mecanismos. Así pues, dicho modelo depende, entre otros factores, del adecuado tratamiento y reciclado en destino de los residuos de envases de plástico transferidos dentro y fuera de la UE, por parte de sus respectivos países receptores.

En lo que a su estructura se refiere, este trabajo parte del concepto fundamental e integrador de «economía circular» y analiza, parcialmente, el ciclo de vida de los envases de plástico desde dicha perspectiva, en lo que se considera de interés para el objeto de estudio. Seguidamente, se introduce la noción de «traslado de residuos», a la luz de los tratados internacionales y restante legislación vigente, al tiempo que se analizan sus causas y problemática suscitada, y se señalan, detalladamente, aquella relativa a los traslados ilegales de residuos y sus consecuencias.

Una vez examinado, con carácter general, el marco jurídico aplicable a los traslados de residuos y a su tráfico ilícito, este estudio se centra en la revisión detallada de los procedimientos y mecanismos de vigilancia y control, previa puesta en contexto de los traslados dentro de la UE y desde (o hacia) terceros países, a partir de los factores y circunstancias que definen en la actualidad dichos traslados, como las diferencias a nivel interno y entre Estados miembros de la UE, en el grado de capacidad y cumplimiento de los objetivos de valorización de residuos de envases de plástico o las restricciones y tendencias en los traslados transfronterizos de residuos de envases de plástico fuera de la UE.

En este sentido, el presente trabajo adopta un enfoque eminentemente práctico en lo relativo al análisis del régimen de intervención y control de los traslados intraestatales y trasfronterizos, a fin de que el lector interesado pueda tener no solo una imagen del estado de la cuestión, sino también conocer los procedimientos y trámites específicos previstos por la legislación de referencia para la transferencia de residuos, en general, y de aquellos de envases de plástico, en particular.

Por ello, la estructura del trabajo se organiza en epígrafes y subepígrafes, los cuales están orientados a facilitar la búsqueda y consulta de aquellas cuestiones que puedan resultar de mayor interés para cada lector, ya se trate de traslados de residuos dentro del territorio de España o transfronterizos dentro o fuera de la UE. Finalmente, y a modo de reflexiones finales y críticas, este trabajo cierra con unas breves conclusiones, que, aunque no pretenden comprender todos los aspectos estudiados, tratan de sintetizar algunas ideas relevantes sobre el papel que juegan actualmente los traslados de residuos de envases de plástico para la «economía circular».

Por su metodología y formato jurídico-descriptivo, el estudio se basa en la identificación y análisis de distintas fuentes normativas y bibliográficas, tanto doctrinales (concretamente, académicas) como documentales (incluye notas y directrices oficiales emitidas por distintas autoridades y gobiernos, informes y documentos de políticas y estrategias). Ahora bien, no solo se limita, al estudio jurídico, sino que integra datos e información ilustrativa de la situación actual de los traslados de residuos de envases de plásticos y su tratamiento en destino, a fin de ofrecer una visión amplia y global que sirva de apoyo a las conclusiones luego alcanzadas.

Por lo demás, y como no puede ser de otro modo, quisiera agradecer a mi tutora, la Dra. Aitana de la Varga Pastor, su encomiable labor e inestimable apoyo en la preparación de este estudio, pues de lo contrario no lo hubiera realizado con el mismo nivel de rigor analítico y coherencia metodológica. Sus consejos, sugerencias, correcciones y comentarios forman parte indispensable de este trabajo.

2. Economía circular: residuos de envases de plástico y su gestión

2.1 Antecedentes: contaminación por envases de plástico y «economía lineal»

Hoy en día, nadie duda acerca del impacto causado por la generación y gestión de residuos sobre la salud humana y el medio ambiente. Desde los albores de la Revolución Industrial, y sobre todo a partir de mediados del siglo xx, el avance tecnológico y de los métodos de producción y consumo, unido al incremento exponencial de la población mundial, supuso un cambio cualificado en las relaciones entre sociedad y naturaleza que llevaron finalmente a cuestionar los límites del crecimiento[1].

En efecto, tal cambio se produce en términos de crecimiento (demográfico y económico) incontrolado, pese a tener en cuenta el carácter limitado —y, en ocasiones, escaso— de los recursos naturales y la capacidad de carga del planeta. Esto es, la cantidad máxima de organismos o seres vivos que el planeta puede soportar con sus propios recursos[2]. Además, dicho crecimiento incontrolado alcanza, incluso, fronteras y límites planetarios (*Planetary Boundaries*), siguiendo el esquema propuesto

---

1   En el sentido dado por el informe *The Limits to Growth*, encargado por el Club de Roma, en 1972, a un grupo de especialistas del Instituto Tecnológico de Massachusetts, liderado por Donella H. Meadows: «If the present growth trends in world population, industrialization, pollution, food production, and resource depletion continue unchanged, the limits to growth on this planet will be reached sometime within the next one hundred years. The most probable result will be a rather sudden and uncontrollable decline in both population and industrial capacity». Vid. MEADOWS, D. H. *et al.* (1972). *The Limits to Growth*, Potomac Associates Book, p. 23.
2   De forma ilustrativa, vid. MORALES AYMERICH, J. P. (2011). «La capacidad de carga: conceptos y usos», *Recursos Naturales y Ambiente*, 63, pp. 47-53.

por Rockström, J. *et al.*[3], asociados a aquellos sistemas globales interconectados y fundamentales para garantizar la estabilidad y resiliencia del planeta, como sucede con el cambio climático, el ciclo biogeoquímico del nitrógeno o la integridad de la biodiversidad.

En su intercambio constante de flujos de materia y energía, la sociedad se apropia de recursos o materiales presentes en la naturaleza, luego transformados, transportados y consumidos, y finalmente depositados en forma de desechos o residuos en esa misma naturaleza. Este es el modelo o patrón tradicional, conocido como «economía lineal», el cual consiste en «extraer, producir, usar y tirar»[4], sin tomar debidamente en cuenta las externalidades negativas derivadas del agotamiento de recursos y su degradación.

Según advierte la Organización de las Naciones Unidas (ONU), a cargo de la defensa del medio ambiente a nivel internacional, «entre 1970 y 2017 la extracción mundial de materiales pasó de 27 mil millones a 92 mil millones de toneladas anuales, triplicándose en ese tiempo y continuando su ascenso»[5], a lo que se une, señaladamente, un aumento vertiginoso en la producción y consumo del plástico. Este es, en la actualidad, uno de los materiales más empleados por razón de su peso, durabilidad y bajo coste, hasta el punto de convertirse en imprescindible para innumerables usos y cometidos (industriales, médicos, agrícolas, alimentarios, constructivos, etc.).

De 2 millones de toneladas de plástico de producción anual, en 1950, aproximadamente, se pasaba, en 2015, a 380 millones de toneladas de plástico de producción anual, lo que demuestra el ritmo desorbitado en la generación y empleo de dicho material, y contrasta con su gestión como residuo. De 6 300 millones de toneladas de plástico producidas históricamente, según datos estimados de 2015, tan solo el 21 % se habría gestionado de forma efectiva (9 %, bien reciclado; 12 %, bien eliminado mediante incineración); el 79 % restante se habría acumulado en vertederos o depositado en el medio natural[6]. Como consecuencia de lo anterior, y al margen de la evidente pérdida de eficiencia y valor en la reutilización de materiales, se viene produciendo una contaminación sin precedentes, sobre todo para el medio marino y costero. En efecto, algunos datos apuntan al vertido de 12 mil millones de toneladas de plástico, aproximadamente, en los océanos en 2010[7].

---

3   Al respecto, sobre los nueve procesos (fronteras) clave para la estabilidad global, vid. Rockström, J. *et al.* (2009). «A safe operating space for humanity», *Nature*, 461, pp. 472-475.

4   En este sentido, sobre la «lógica» y antecedentes de la «economía lineal», vid. Jiménez Herrero, L. M. (2020). «Economía Circular-Espiral. Opciones Estratégicas desde el reciclaje al cambio sistémico», *Dossieres EsF*, 37 (*La Economía Circular: una opción inteligente*), pp. 7-9.

5   Vid. UN-IRP. (2019). *Global resources outlook: Natural Resources for the Future we Want. Summary for Policymakers*. ETH Zurich, p. 27.

6   *Ibidem*, p. 86.

7   Al respecto, vid. Jambeck, J. R. *et al.* (2015). «Plastic waste inputs from land into the ocean», *Science*, 347 (6223), pp. 768-771.

En este sentido, y por emplear los términos del legislador europeo:

Los residuos de envases figuran entre los objetos que se suelen encontrar con mayor frecuencia en las playas y tienen repercusiones a largo plazo en el medio ambiente, al mismo tiempo que afectan al turismo y al disfrute público de esas zonas naturales. Además, la presencia de residuos de envases en el medio marino subvierte el orden de prioridad de la jerarquía de residuos, en particular al impedir la reutilización, el reciclado y otros tipos de valorización[8].

De hecho, los residuos de envases de plástico representan la mayor proporción del total de residuos plásticos (61 %, aproximadamente) generados en la UE, procedentes, fundamentalmente, de los sectores de la automoción, electrónica, agricultura y construcción, según datos recogidos por el Tribunal de Cuentas de la UE[9].

En términos históricos, el Derecho, en cuanto que instrumento catalizador y regulador de conductas con eficacia social, se ha encomendado a la protección de la naturaleza y de sus valores y servicios esenciales, sobre todo ante el fenómeno inaplazable de crisis ambiental, y desde que en la década de 1970 se produjese la «mundialización» e institucionalización de la protección ambiental a partir de la trascendental Conferencia de las Naciones Unidas sobre el Medio Humano, celebrada en Estocolmo en 1972. Uno de los ámbitos de mayor interés y atención por las distintas instancias normativas, nacionales e internacionales se encuentra, precisamente, en los residuos, en general, y en los envases y residuos de envases, en particular, tal y como permite constatar el conjunto de regulaciones aprobadas en esta materia, de gran complejidad técnica e indiscutible relevancia en la práctica.

Sin embargo, lo cierto es que, hasta ahora, la normativa sobre residuos daba por sentadas las tendencias previamente apuntadas de la «economía lineal» e incidía en la necesidad de prevenir la generación de residuos y de reutilizar o reciclar materiales como técnicas de valorización, en la medida de lo posible, partiendo de un enfoque opuesto a la finalidad pretendida[10]. A estas consideraciones se unen, por supuesto, los vaivenes de los últimos tiempos en las técnicas de intervención empleadas por el Derecho administrativo y a las directrices liberalizadoras marcadas en un primer momento por la conocida como Directiva Bolkestein[11], que daba lugar a la generalizada —y ex-

---

8   Considerando 8 de la Directiva (UE) 2018/852 del Parlamento Europeo y del Consejo, de 30 de mayo, por la que se modifica la Directiva 94/62/CE relativa a los envases y residuos de envases.
9   Al respecto, vid. Tribunal de Cuentas Europeo (2020). «Análisis 04: Medidas de la UE para abordar el problema de los residuos plásticos», p. 6.
10 En este sentido, sobre la insuficiencia incluso de la última normativa aprobada en España en materia de residuos para promover un auténtico cambio de paradigma hacia la economía circular, vid. Nogueira López, A. (2022). «¿Circular o en bucle? La insuficiente transformación de la legislación de residuos». *Revista Aragonesa de Administración Pública* (Monografías), XXI, pp. 11-27.
11 Directiva 2006/123/CE del Parlamento Europeo y del Consejo, de 12 de diciembre, relativa a los servicios en el mercado interior.

cesiva, en ocasiones— simplificación administrativa y reorganización de las técnicas de control sobre determinadas actividades[12].

El contexto global actual se encuentra marcado por el reto de la sostenibilidad, ya desde que dicho principio se definiera y marcase las tendencias y procesos de toma de decisiones integradas en materia ambiental, a partir de la decisiva conferencia de las Naciones Unidas sobre el Medio Ambiente y el Desarrollo, celebrada en Río de Janeiro, en 1992. Se trata de conjugar tres elementos: medio ambiente, economía y progreso social, dando lugar, en el ámbito propio de los residuos y su gestión, a la aún incipiente estrategia de la «economía circular».

2.2 La economía circular y su potencial para una nueva economía del plástico

Cabe entender por «economía circular» aquel modelo de producción y consumo dirigido a compartir, alquilar, reutilizar, reparar, renovar y reciclar materiales y productos existentes todas las veces que sea razonable y técnicamente factible, de modo que el valor de dichos materiales y productos se mantenga en la economía durante el mayor tiempo posible. Todo ello para reducir al mínimo la generación de residuos, de forma coherente con el principio capital de sostenibilidad[13].

En la práctica, se trata efectivamente de prevenir en la medida de lo posible la generación de residuos, manteniendo los distintos productos y materiales dentro del círculo de la economía (*closing the loop*), gracias a las técnicas (actuales o potenciales) de valorización, como la preparación para la reutilización o el reciclaje[14]. De esta forma, se protege el medio ambiente —se ralentiza y racionaliza el uso de recursos naturales— al tiempo que se reduce la dependencia de materias primas, finitas o limitadas pese a su creciente demanda.

A mediados de 2014, en el seno de la Unión Europea (UE), nace una estrategia orientada a producir un «cambio sistemático completo, así como innovación no sólo en las tecnologías, sino también en la organización, la sociedad, los métodos de financiación y las políticas»: la Estrategia de Economía Circular, planteada por la Comisión

---

12 Al respecto, vid. Nogueira López, A. (2019). «Cuadrar el círculo», *InDret*, 3/2019, pp. 29.

13 Sobre la definición del concepto de «economía circular», y aunque existen diversas propuestas alternativas, vid. Santamaría Arinas, R. J. (2019). «Economía Circular: líneas maestras de un concepto jurídico en construcción», *Revista Catalana de Dret Ambiental*, 10(1), pp. 37. Dicho autor parte del papel fundamental del Derecho, en cuanto que instrumento ordenador de conductas y cambios sociales, para la construcción en la práctica de la «economía circular», a partir de su concepción jurídica amplia y expansiva, incluso como principio general del Derecho no ceñido solo al sector de los residuos.

14 En el ámbito específico de los envases de plástico, con detalle de las dificultades en la práctica para su recuperación y reciclado, vid. Hahladakis, J. N. y Iacovidou, E. (2018). «Closing the loop on plastic packaging materials: what is quality and how does it affect their circularity?», *Science of the Total Environment*, 630, pp. 1394-1400.

Europea en su Comunicación «Hacia una economía circular: un programa de cero residuos para Europa»[15].

Fruto de esta estrategia, y de los posteriores programas y planes de acción[16], se vienen adoptando distintas normas, en forma de directivas luego transpuestas por los Estados miembros de la UE, orientadas al cambio de paradigma productivo y de consumo frente al modelo lineal basado en el uso intensivo de recursos naturales y su consiguiente generación de residuos (y emisiones).

En este sentido, el concepto y modelo de «economía circular» cumple una función interpretativa significativa e integradora del sistema normativo[17], al denotar una nueva y compleja realidad a la que debe atender el legislador y los distintos operadores jurídicos al aprobar y aplicar la legislación vigente. En cualquier caso, no es posible desconocer que el reiterado concepto de «economía circular» cuenta con centenares —sino miles— de definiciones distintas —y a veces contrapuestas—, cuyo examen excede del presente trabajo, al tiempo que se encuentra en constante revisión y actualización.

Si bien es posible entender que la senda hacia el «residuo cero» se iniciaba ya en 2008 con la aprobación de la Directiva (marco) 2008/98/CE del Parlamento Europeo y del Consejo, de 19 de noviembre, sobre los residuos (la Directiva Marco sobre Residuos)[18], el auténtico «paquete» normativo de economía circular de la UE no se produjo hasta junio de 2018, impulsado por el VII Programa General de Acción de la UE en materia de Medio Ambiente (hasta 2020)[19] y en el marco de las medidas propuestas por el previamente aludido Plan de Acción de la UE «Cerrar el Círculo» para la Economía Circular (2015)[20]. Dicho paquete quedaba integrado, entre otros

---

15 Comunicación de la Comisión al Parlamento Europeo, al Consejo, al Comité Económico y Social Europeo y al Comité de las Regiones, de fecha 2 de julio de 2014, «Hacia una economía circular: un programa de cero residuos para Europa»; COM (2014) 398 final.

16 Así se expresaba, en particular, el Plan de Acción de la UE «Cerrar el Círculo» para la Economía Circular (2015), a modo de introducción: «la transición a una economía más circular, en la cual el valor de los productos, los materiales y los recursos se mantenga en la economía durante el mayor tiempo posible, y en la que se reduzca al mínimo la generación de residuos, constituye una contribución esencial a los esfuerzos de la UE encaminados a lograr una economía sostenible, hipocarbónica, eficiente en el uso de los recursos y competitiva»; COM (2015) 614 final.

17 En este sentido, vid. Díez Sastre, S. (2018). *La formación de conceptos en el Derecho Público*, Marcial Pons, pp. 150 y 151.

18 De forma sintética, sobre las novedades principales introducidas por la Directiva Marco sobre Residuos con miras a la «sociedad del reciclado», vid. Alenza García, J. F. (2009). «Una nueva Directiva europea renueva la regulación de los residuos», *LegalToday*. Disponible a través del enlace siguiente: <https://www.legaltoday.com/practica-juridica/derecho-penal/penal/una-nueva-directiva-europea-renueva-la-regulacion-de-los-residuos-y-endurece-las-obligaciones-de-los-estados-de-los-productores-y-de-los-gestores-de-residuos-2009-01-21/>.

19 Decisión 1386/2013/UE del Parlamento Europeo y del Consejo, de 20 de noviembre, relativa al Programa General de Acción de la Unión en materia de Medio Ambiente hasta 2020, «Vivir bien, respetando los límites de nuestro planeta».

20 Comunicación de la Comisión al Parlamento Europeo, al Consejo, al Comité Económico y Social Europeo y al Comité de las Regiones, de fecha 2 de diciembre de 2015, «Cerrar el círculo: un plan de acción de la UE para la economía circular»; COM (2015) 614 final.

actos legislativos demostrativos del compromiso de la UE, con el modelo de «economía circular» (*v. gr.*, producción ecológica y su etiquetado, vehículos al final de su vida útil), por (i) la Directiva (UE) 2018/851 del Parlamento Europeo y del Consejo, de 30 de mayo, por la que se modifica la Directiva Marco sobre Residuos (la Directiva 2018/851, y en particular, (ii) la Directiva (UE) 2018/852 del Parlamento Europeo y del Consejo, de 30 de mayo, por la que se modifica la Directiva 94/62/CE relativa a los envases y residuos de envases (la Directiva 2018/852 y la Directiva sobre Envases, respectivamente).

Este paquete normativo atiende al enfoque de «circularidad» y a su significación para el cambio de paradigma en la prevención y gestión de los residuos, en general, y de los residuos de envases, en particular. Así lo afirma la Directiva 2018/851:

> A fin de que la economía sea verdaderamente circular, es necesario tomar medidas adicionales sobre producción y consumo sostenibles, centrándose en el ciclo de vida completo de los productos, de un modo que permita preservar los recursos y cerrar el círculo.

Ciertamente, algunas normas incluidas en el reiterado paquete no se refieren prácticamente —ni definen, en absoluto— al concepto de «economía circular», como es el caso de la Directiva sobre Envases tras su modificación por la Directiva 2018/852, pero introducen una regulación claramente orientada a la sostenibilidad a través del reaprovechamiento y optimización en el uso de recursos y materiales. Con carácter general o transversal, y sin perjuicio de cuanto se examina detalladamente en adelante, tales normas refuerzan las obligaciones de notificación, recogida y control a cargo de los Estados para contribuir a su mayor grado de cumplimiento[21].

Precisamente, por los problemas que plantea la gestión en la práctica de los residuos de envases, máxime de aquellos de plástico por su distinta tipología y variabilidad a lo largo de su cadena de valor[22], la Directiva sobre Envases reviste especial trascendencia para el logro del modelo de «economía circular». Es por ello por lo que la Directiva sobre Envases integra dicho modelo en los objetivos de la legislación sobre envases y residuos de envases de la UE, de modo que su gestión persiga, siempre atendiendo a la jerarquía de residuos, «contribuir a la transición hacia una economía circular».

En España, la Directiva sobre Envases en su versión actualizada fue transpuesta, junto con las novedades introducidas por la Directiva 2018/851, por medio del Real Decreto 1055/2022, de 27 de diciembre, de envases y residuos de envases (el RD

---

21 En este sentido, vid. Comunicación al Parlamento Europeo, al Consejo, al Comité Económico y Social Europeo y al Comité de las Regiones, de fecha 16 de enero de 2018, «Sobre un marco de seguimiento para la economía circular»; COM (2018) 29 final. En relación con la gestión de residuos, dicha Comunicación pone de manifiesto los avances en la tasa de reciclado de envases de plástico entre 2008 y 2015 (40%, aproximadamente), aun siendo considerablemente inferior a las tasas de reciclado de residuos de envases de la UE en general (66%, aproximadamente).

22 Al respecto, vid. HAHLADAKIS, J. N. y IACOVIDOU, E. (2018). «Closing the loop on plastic packaging materials: What Is Quality and How Does It Affect Their Circularity?, *Sci. Total Environ*, pp. 1394-1400.

1055/2022)[23] —muy ambicioso—, con el objetivo de prevenir y reducir el impacto ambiental de los envases y residuos de envases durante todo su ciclo de vida, y ser, así, aplicable a todos los agentes de la cadena de valor del producto con importantes implicaciones.

2.3 Envases de plástico y su (eco)diseño: prevención y sostenibilidad

Desde la perspectiva de la «circularidad», el diseño de los envases reviste una trascendencia indiscutible: si pretende prevenirse o reducirse la generación de residuos de envases y su impacto asociado, las fases previas de la cadena de valor, como el diseño ecológico de los envases, permiten reducir la cantidad global de aquellos residuos mediante un enfoque basado, particularmente, en la reutilización y reciclabilidad[24].

Así vino a reconocerse, desde un primer momento, por la Estrategia de Economía Circular de la UE:

> [...] la transición a una economía más circular exige la introducción de cambios en todas las cadenas de valor, desde el diseño de los productos hasta los nuevos modelos de gestión y de mercado, desde los nuevos modos de conversión de los residuos en un activo hasta las nuevas formas de comportamiento de los consumidores y que los productos pueden rediseñarse de forma que se utilicen más tiempo, se reparen, se actualicen, se reelaboren y finalmente se reciclen, en lugar de desecharse.

De hecho, el propio concepto de «ecodiseño» va íntimamente ligado a la idea misma de prevención —y también, como insistiremos, de reutilización y reciclado—, entendida como el conjunto de medidas adoptadas en fase de concepción y diseño de producción, distribución y consumo de una sustancia, material o producto, para reducir, en particular, la cantidad de residuo o los impactos adversos sobre el medio ambiente y la salud humana de los residuos generados (por emplear la definición introducida por la legislación interna de España sobre residuos)[25]. Del mismo modo, la

---

23 RD 1055/2022 que deroga todas las normas vigentes hasta la fecha en materia de envases y residuos de envases, como la Ley 11/1997, de 24 de abril, de envases y residuos de envases, y el Real Decreto 782/1998, de 30 de abril, por el que se aprueba el Reglamento para el desarrollo y ejecución de la Ley 11/1997, de 24 de abril, de Envases y Residuos de Envases.

24 En este sentido, el diseño de los envases de plástico se proyecta sobre toda su cadena de valor, desde su producción hasta su valorización final (*v. gr.*, reciclado), de modo que dicho diseño es preciso plantearlo tempranamente desde la aludida perspectiva de «circularidad», tomando igualmente en cuenta la infraestructura y sistemas (y modelos de negocio) disponibles a tal efecto. Sobre este particular, incluyendo una propuesta de «principios del ecodiseño» para envases de plástico, vid. FAYOLE, C. *et al.* (2019). «For Better Not Worse: Applying Ecodesign Principles to Plastics in the Circular Economy», *ECOS*, pp. 11-14.

25 Igualmente, sobre la noción de ecodiseño y su doble perspectiva ecológica y comercial (unida a las expectativas de los consumidores), vid. LOBATO GAGO, I. (2017). «Economía Circular: de la "Eco-Obligación" a la "Eco-Oportunidad"», *CENEAM*, pp. 170-178. A su vez, y respecto del sector específico de los envases de plástico, dicho autor reflexiona sobre las importantes barreras a su «ecodiseño», como sucede con algunos envases no reciclables por la tipología de polímeros empleados (*v. gr.*, bandejas de envasado de alimentos con «láminas multicapa») o

propia Directiva Marco sobre Residuos, tras su modificación, incluye como medidas de prevención de la generación de residuos —y, claro, de residuos de envases— aquellas de fomento del ecodiseño o diseño de productos eficientes en el uso de recursos, duraderos, reparables, reutilizables y actualizables.

Tanto la legislación derivada de la UE como sus normas de transposición, como es el caso del RD 1055/2022, ponen actualmente en valor la importancia del ecodiseño de los envases, e incluso lo definen como sigue:

> El diseño del envase teniendo en cuenta criterios ambientales como, entre otros, la reducción en peso o volumen, la sustitución de materiales o sustancias peligrosas por otros menos peligrosos, la mejora de sus características de cara a su reutilización, el incremento de la reciclabilidad de los envases cuando se conviertan en residuos y el mayor o mejor uso de materiales obtenidos a partir del reciclado de residuos de envases (art. 2.d RD 1055/2022).

Tal y como se observa, el diseño de los envases se concibe hoy de forma plenamente integrada con la idea de sostenibilidad, de modo que permita reducir la generación de residuos y su impacto ambiental, a lo largo de todo su ciclo de vida[26]: desde la fabricación de dichos envases hasta su consumo final, pasando por la distribución y transporte de los mismos. En este sentido, actualmente se encuentra en tramitación un nuevo Reglamento sobre diseño ecológico de productos sostenibles[27], por el que se establecen requisitos de ecodiseño por grupos de productos específicos —no limitados, como hasta ahora, a aquellos relacionados con la energía—, a fin de mejorar su circularidad, eficiencia energética y otros aspectos de sostenibilidad medioambiental, entre los que se incluyen también los siguientes: (i) durabilidad, reutilizabilidad, actualizabilidad y reparabilidad del producto; (ii) eficiencia energética y de recursos; (iii) contenido reciclado; (iv) huella de carbono; o (v) información del producto (*v. gr.*, «pasaporte digital» como medida orientada a proporcionar datos sobre su sostenibilidad ambiental y a facilitar la toma de decisiones por parte de consumidores y agentes económicos).

---

con los envases con «diseños enmascarados» por añadidos comerciales que imposibilitan (o reducen) su potencial reciclaje (*v. gr.*, envases de bebidas recubiertas con materiales no reciclables).

26 A diferencia de la idea de «sostenibilidad», el concepto de «ciclo de vida» no goza aún de madurez suficiente para instituirse como auténtico principio del Derecho ambiental, por falta, precisamente, de reconocimiento como tal en los tratados internacionales y en la legislación regional de la UE y nacional de sus Estados miembros. En este sentido, vid. RÖMPH, T.J. y CRAMER, J. M. (2020). «How to improve the EU legal framework in view of the circular economy», *Journal of Energy & Natural Resources Law*, 38 (3), p. 259.

27 Propuesta de Reglamento del Parlamento Europeo y del Consejo, de 30 de marzo de 2022, por el que se instaura un marco para el establecimiento de requisitos de diseño ecológico aplicables a los productos sostenibles y se deroga la Directiva 2009/125/CE (expte. núm. 2022/0095/COD); COM (2022) 142 final.

2.4 Producción, distribución y uso (consumo) de envases de plástico: «quien contamina paga»

Unido a lo anterior, y siguiendo la Comunicación de la Comisión Europea relativa a la «Estrategia europea para el plástico en una economía circular» (la Estrategia sobre Plástico)[28], las pautas de generación y consumo de envases y restantes productos plásticos, a nivel global y regional de la UE, exigen que también su producción, distribución y uso respondan a las necesidades de reutilización, reparación y reciclado propias de la circularidad, así como que se establezcan patrones y sistemas adecuados de prevención, en coherencia con el principio fundamental de «quien contamina paga».

Sin duda, la producción de envases guarda relación directa con su ecodiseño ya examinado previamente, de modo que la generación de nuevos envases atienda a su ciclo de vida completo, a fin de que sean duraderos, reparables y reciclables. A su vez, y respecto del consumo, se persigue su sostenibilidad, ofreciendo productos y servicios que cumplan con los criterios de la economía circular, a cuyos efectos resulta imprescindible que se facilite información clara a los consumidores y usuarios sobre durabilidad, reparabilidad y eficiencia de los envases puestos en el mercado[29].

Precisamente, la circularidad en la economía del plástico depende, en buena medida, de la prevención en la generación de envases, sobre todo de aquellos de un solo uso, cuya presencia en el entorno se traduce habitualmente en desechos o, significativamente, en «basura marina». Esta es, precisamente, una de las preocupaciones principales del legislador europeo detrás, en particular, de la Directiva (UE) 2019/904, de 5 de junio, relativa a la reducción del impacto de determinados productos de plástico en el medio ambiente.

A tal fin, el legislador europeo apuesta decididamente por los sistemas de Responsabilidad Ampliada del Productor (RAP), por su eficacia demostrada en distintos Estados miembros de la UE, ante la falta de incentivos habitualmente de los consumidores y usuarios para ajustar sus pautas de consumo y, por tanto, la necesidad de involucrar a los «productores de productos» en la prevención y gestión de los residuos generados de envases de plástico, en particular[30].

Por medio de los sistemas RAP, y en función del alcance de las obligaciones fijadas por la normativa aplicable a cada flujo de residuos, los «productores de produc-

---

28 Comunicación de la Comisión al Parlamento Europeo, al Consejo, al Comité Económico y Social Europeo y al Comité de las Regiones, de fecha 16 de enero de 2018, «Una estrategia europea para el plástico en una economía circular»; COM (2018) 28 final.

29 Así lo reconoce, como dejamos apuntado, la propuesta de Reglamento sobre diseño ecológico de productos sostenibles, al incorporar medidas como el «pasaporte digital» del producto, destinado a registrar, procesar y compartir información entre empresas de la cadena de suministro, autoridades y consumidores, o, incluso, «clases de rendimiento» (*v. gr.*, de «A» a «G») para facilitar la comparación entre distintos productos.

30 En este sentido, vid. Tribunal de Cuentas Europeo (2020). «Análisis 04: Medidas de la UE para abordar el problema de los residuos plásticos», pp. 35-42.

tos» asumen la responsabilidad financiera (o financiera y organizativa) de la gestión de la fase de residuo del ciclo de vida de un determinado producto, en aplicación del principio de «quien contamina paga». En particular, a través de los sistemas RAP, se persiguen los siguientes fines específicos[31]:

i. Responsabilizar a los productores de los costes de los distintos productos al final de su vida útil y, de este modo, incentivar un mejor diseño que permita reducir tales costes.

ii. Mejorar las tasas de reutilización y reciclado.

iii. Reducir los costes de gestión de residuos para el sector público (concretamente, ayuntamientos) y contribuyentes, mediante su transferencia a los productores (y, en realidad, a los consumidores, dado que las tasas o cuotas de los sistemas RAP se acaban internalizando en el precio final de cada producto).

En España, recientemente, el RD 1055/2022 ha supuesto un punto de inflexión en los sistemas RAP aplicados a envases, al responsabilizar a la persona o entidad que introduce productos envasados en el mercado nacional de España —y no, únicamente, a su poseedor final— de su gestión al final de su vida útil e, incluso, extender su alcance a los envases comerciales e industriales, y no solo, como con la normativa anterior, a los envases domésticos.

2.5 Recogida y gestión de los residuos de envases de plástico: objetivos y sistemas

Muy significativamente, por su incidencia en el ámbito propio de los traslados transfronterizos de residuos de envases, la legislación de la UE se orienta a la adecuada gestión de dichos residuos, dados los efectos e impactos negativos que su abandono o tratamiento inapropiado provocan sobre los recursos naturales, los ecosistemas y el paisaje, por un lado; y la necesidad de aprovechar y conservar, en la medida de lo posible, todos los productos y materiales de forma coherente con el enfoque de circularidad, por otro.

Asimismo, la gestión de residuos dentro de la UE, sobre todo, se plantea en términos de proximidad y autosuficiencia —en cuanto que principios fundamentales con incidencia, como verificaremos, en el régimen aplicable a los traslados de residuos de envases de plástico—. Tales principios encarnan uno de los postulados básicos de la política ambiental de la UE: «principio de corrección de los atentados al medio ambiente, preferentemente en la fuente misma» (art. 191.2 del Tratado de Funcionamien-

---

31 *Ibidem*, p. 35.

to de la UE). Mientras que la autosuficiencia procura que la UE, dentro del ámbito geográfico correspondiente, en la medida de lo posible, sea capaz de gestionar debidamente sus propios residuos generados, la proximidad aspira a que dichos residuos se traten —se valoricen o, en su defecto, se eliminen— en las plantas o instalaciones más cercanas al lugar de su generación[32].

A los efectos ahora concernidos, su proclamación expresa se encuentra recogida, por un lado, a nivel de la UE, en la Directiva Marco sobre Residuos, cuyo art. 16 (Principios de autosuficiencia y proximidad) se orienta a lograr que la UE en su conjunto «llegue a ser autosuficiente en materia de eliminación de residuos así como de valorización de los residuos domésticos mezclados» y que dichas operaciones de tratamiento puedan llevarse a cabo «en una de las instalaciones adecuadas más próximas». No obstante, tal y como advierte el mismo precepto, sin que los principios de proximidad y autosuficiencia signifiquen que cada Estado miembro de la UE deba poseer la «gama completa de instalaciones de valorización final» en su territorio. Por otro lado, a nivel interno de España, en la Ley 7/2022, el art. 9 (Autosuficiencia y proximidad) impone, con carácter general, a las Administraciones Públicas la obligación de adoptar todas las medidas necesarias para el establecimiento de una red integrada de instalaciones de eliminación de residuos y de valorización de residuos domésticos mezclados que permita su tratamiento «más próximo a su lugar de generación», de forma coherente con las disposiciones de la Directiva Marco sobre Residuos.

En la actualidad, la UE tiene establecidos, a escala europea, distintos objetivos en materia de valorización de residuos de envases, actualizados tras la entrada en vigor de la Directiva 2018/852 por la que se modifica la Directiva sobre Envases, «a fin de reflejar mejor la ambición de la Unión de avanzar hacia una economía circular», según indica su segundo considerando.

En particular, la Directiva sobre Envases fija, tras su última modificación, los siguientes objetivos (generales y específicos por tipología de materiales, según se indica a continuación) y sus respectivos horizontes temporales de cumplimiento, correspondiendo a los distintos Estados miembros de la UE planificar su logro e inversiones orientadas a tal fin:

i. Hasta el 31 de diciembre de 2025: (i) «se reciclará un mínimo del 65 % en peso de todos los residuos de envases» y (ii) «se alcanzarán los siguientes objetivos mínimos en peso de reciclado de los materiales específicos que se indican seguidamente contenidos en los residuos de envases»:

   a. Plástico: 50 %.

   b. Madera: 25 %.

---

32 En este sentido, vid. Trias Prats, B. (2022). «Traslado de Residuos (arts. 31 y 32)», *Revista Aragonesa de Administración Pública (Monografías)*, XXI, pp. 336 y 337.

   c. Metales ferrosos: 70 %.

   d. Aluminio 50 %.

   e. Vidrio: 70 %.

   f. Papel y cartón: 75 %.

ii. Hasta el 31 de diciembre de 2030: (i) «se reciclará un mínimo del 70 % en peso de todos los residuos de envases» y (ii) «se alcanzarán los siguientes objetivos mínimos en peso de reciclado de los materiales específicos que se indican seguidamente contenidos en los residuos de envases»:

   a. Plástico: 55 %.

   b. Madera: 30 %.

   c. Metales ferrosos: 80 %.

   d. Aluminio: 60 %.

   e. Vidrio: 75 %.

   f. Papel y cartón: 85 %.

Estos objetivos se encuentran alineados con la jerarquía de residuos establecida por la Directiva Marco sobre Residuos, para asegurar, así, una valorización gradual y efectiva de los materiales económicamente valiosos y su reincorporación, siempre que sea posible, a la economía europea: (i) prevención; (ii) preparación para la reutilización; (iii) reciclado; (iv) otro tipo de valorización (*v. gr.*, energética); y (v) eliminación.

En cualquier caso, cabe advertir que, pese a la decidida apuesta del legislador europeo por la reutilización de envases, la Directiva sobre Envases, tras sus sucesivas modificaciones, no contiene a la fecha del presente trabajo objetivos cuantitativos de reutilización a escala europea, aunque ahora exige a los distintos Estados miembros de la UE «fomentar el aumento de la proporción de envases reutilizables comercializados y de los sistemas de reutilización de envases» (art. 5.1).

Por supuesto, al margen del desarrollo por parte de los distintos Estados miembros de la UE de las infraestructuras de gestión de residuos necesarias para el cumplimiento de los objetivos previamente identificados, se precisan igualmente de las oportunas instalaciones y sistemas de recogida de residuos de envases.

A tal efecto, la legislación sobre envases y residuos de envases (europea y nacional) establece la necesidad de implementar sistemas de devolución o recogida (o ambas) de envases usados y de residuos de envases procedentes del consumidor, de cualquier otro usuario final o del flujo de residuos. Entre otros sistemas posibles, interesa referirse a los denominados sistemas de depósito, devolución y retorno (SDDR), dirigidos a la recuperación y valorización de los envases puestos en el mercado para devolverlos a la cadena de producción y consumo, así como a los conocidos sistemas integrados de gestión (SIG), actualmente vinculados a los denominados sistemas colectivos de RAP (SCRAP)[33]. Su planteamiento incide, sobre todo, en el final de la vida útil de los envases para asegurar su correcta gestión como residuo. Ambos sistemas, pudiendo configurarse de forma alternativa o complementaria, sirven al cumplimiento de la jerarquía de residuos, aunque quizá aquellos sistemas SDDR permitan en mayor medida contribuir a cerrar el círculo de la cadena de valor del producto, por medio de la identificación y cuantificación de los residuos de envases sometidos a dichos sistemas (*inputs*) y de la separación en origen de esos residuos para su eficiente valorización mediante reciclado.

Con la entrada en vigor del RD 1055/2022, y tras intensos debates e informes sobre su viabilidad[34], tales sistemas SDDR se han visto reforzados e impulsados, decididamente, al establecerse con carácter obligatorio para determinadas tipologías de envases (concretamente, envases reutilizables y ciertos envases de bebida de un solo uso[35]), mediante su canalización a través de aquellos otros sistemas colectivos (o individuales) de RAP, ya constituidos o por constituir.

Como regla específica en el cómputo de los objetivos marcados por la Directiva sobre Envases, y a los efectos ahora concernidos (dejando al margen otras normas de cálculo aplicables con carácter general), se contempla que los residuos de envases exportados desde la UE se contabilicen a efectos de la consecución de aquellos objetivos por parte del Estado miembro de la UE en que se hayan recogido dichos residuos. Todo ello siempre que (i) se cumplan los requisitos del art. 6 bis.3 de la Directiva sobre Envases, y (ii) el exportador pueda demostrar que el traslado de los residuos cumple con los requisitos del Reglamento (CE) 1013/2006 del Parlamento Europeo y del Consejo, de 15 de junio, relativo a los traslados de residuos (el Reglamento sobre

---

33 Al respecto, la Ley 7/2022 (como ya previamente la Ley 22/2011, de 28 de julio, de residuos y suelos contaminados) establece un régimen transitorio de adaptación de los sistemas integrados de gestión (SIG) preexistentes al régimen de RAP y a sus propios sistemas. Sobre este particular, vid. PERNAS GARCÍA, J. J. (2022). «Responsabilidad ampliada del productor del producto: instrumento jurídico para el reparto social de los costes de la gestión de los residuos y el cumplimiento de los objetivos de circularidad (artículos 37 a 54, y 60)», *Revista Aragonesa de Administración Pública (Monografías)*, XXI, pp. 413 y 414.

34 Destaca, en este sentido, el «Estudio de viabilidad de la implantación de un Sistema de Depósito, Devolución y Retorno (SDDR) en España», elaborado por TRAGSATEC, de fecha 22 de septiembre de 2021, por el que se concluye que la introducción de dichos sistemas SDDR, junto con otras ventajas remarcables (*v. gr.*, ahorro de emisiones de gases de efecto invernadero [GEI]), «no solo aumentaría la cantidad recuperada de material, sino también la pureza de lo recogido y por tanto la calidad de lo recuperado», permitiendo «la circularidad de los materiales y poder cumplir con el contenido mínimo de rPET establecido en la Directiva de plásticos de un solo uso de la UE». Disponible en el enlace siguiente:
<https://www.miteco.gob.es/content/dam/miteco/es/calidad-y-evaluacion-ambiental/sgecocir/envases/210929espana_sddr_ttecent_miterd_web_tcm38-531126.pdf>

35 En este último caso, la norma establece un plazo de dos años para que, en caso de incumplirse los objetivos de recogida separada, los productores de los siguientes productos establezcan sus sistemas SDDR mediante fórmulas individuales o colectivas de RAP: «botellas de plástico de un solo uso [y latas y envases de cartón] de hasta 3 litros de capacidad para los productos de aguas minerales y de manantial, zumos, néctares, mezcla de frutas y hortalizas recién exprimidas, concentrados para disolución, bebidas refrescantes, energéticas, isotónicas y bebidas alcohólicas».

Traslados), por un lado; y que el tratamiento de los residuos de envases fuera de la UE ha tenido lugar en condiciones equivalentes, de forma general, a los requisitos del Derecho de la UE aplicable en materia medioambiental, por otro.

3. Traslados de residuos de envases de plástico

3.1 Concepto, causas y problemática suscitada: traslados nacionales y transfronterizos de residuos de envases de plástico

Como empezamos por subrayar, si la problemática en torno a los residuos constituye una de las principales manifestaciones de la crisis ambiental que enfrenta la humanidad, el traslado de residuos revela el alcance global de dicha problemática. Solo entre 1999 y 2011, las exportaciones de residuos aumentaron exponencialmente, hasta quintuplicarse en el caso de los residuos plásticos[36].

A partir de las definiciones dadas por la legislación europea de referencia (señaladamente, Reglamento sobre Traslados), cabe entender por «traslado» el transporte (por carretera, ferrocarril o vía aérea, marítima o terrestre) de residuos destinados a su valorización o eliminación llevado a cabo, por simplificar, con origen y destino en un mismo país o territorio, o con origen en un país o territorio y destino en otro país o territorio, con independencia de la zona de tránsito[37].

De este modo, es posible hablar de traslados nacionales (internos) o de traslados transfronterizos, respectivamente, en función de su origen y destino. En este último caso, además, y a los efectos del presente trabajo, el traslado transfronterizo de residuos, en general, y de residuos de envases, en particular, puede llevarse a cabo dentro de la UE o con origen o destino en un tercer país. Sin perjuicio de cuanto se revisa en adelante, interesa apuntar que el régimen legal aplicable a unos u otros traslados (nacionales y transfronterizos, dentro de la UE o hacia o desde terceros países) es distinto.

---

36 En este sentido, vid. Agencia Europea de Medio Ambiente (2012). *EEA Report no. 7/2012* «Movements of waste across the EU's internal and external borders», pp. 20-25.
37 Para más información, véase el art. 2.34 del Reglamento sobre Traslados.

Son múltiples las causas que motivan el traslado de residuos de envases, empezando por la posibilidad de acceder a instalaciones o sistemas de valorización y eliminación de dichos residuos inexistentes en el país o territorio de origen[38], o simplemente menos costosos —en términos ambientales, sociales y económicos— que aquellos puestos a disposición en tal país o territorio. Adicionalmente, los residuos de envases son susceptibles de valoración económica, con o sin previa valorización, y su traslado guarda entonces también motivación de carácter comercial.

En este sentido, y según admite la propia jurisprudencia del Tribunal de Justicia de la Unión Europea (TJUE), por todas, en su sentencia de 9 de julio de 1992 (asunto «Comisión/ Bélgica», C-2/90), los residuos constituyen auténticas mercancías, al tiempo que poseen valor intrínseco, a los efectos, en particular, de la libre circulación de mercancías y restantes garantías aplicables sobre comercio. A su vez, otros pronunciamientos del mismo TJUE confirman, sin margen a duda, que el concepto de residuo no excluye aquellos objetos o sustancias susceptibles de reutilización económica o de transacción o cotización, siempre que su poseedor, por supuesto, tenga el deber o la intención de desprenderse de dichos objetos o sustancias (por todas, SSTJUE de 28 de marzo de 1990, asunto «Vessoso y Zanetti», C-206/88; y de 25 de junio de 1997, asunto «Tombesi», C-304/94)[39].

Es por ello que, en el ámbito particular de los traslados de residuos, confluyen impulsos contrapuestos, representados respectivamente por las políticas ambientales en la gestión de residuos —sometida a los principios de proximidad y suficiencia— y por las políticas comerciales y sus intereses económicos asociados. Ambas políticas encuentran su respaldo dentro del ordenamiento jurídico de la UE, lo que demuestra las tensiones existentes y dificultades en el tratamiento que merecen (o deben merecer) los traslados de residuos ya en el propio ámbito europeo[40]. De hecho, cabe incluso afirmar que la legislación de la UE, por medio de la creación del mercado único —y sin fronteras— europeo, integra una de las principales causas dinamizadoras de los traslados intracomunitarios de residuos de envases, reforzada por la mayor seguridad jurídica derivada de la armonización de las reglas y los objetivos aplicables a la gestión de dichos residuos.

---

38 Sobre este particular, la jurisprudencia (por todas, STS de 1 de marzo de 2016, ECLI:ES:TS:2016:861; y STSJ de Baleares 213/2015, de 25 de marzo, ECLI:ES:TSJBAL:2015:283) se viene pronunciando en el sentido de confirmar la compatibilidad de las transferencias o traslados de residuos fuera del país o territorio de origen (señaladamente, en supuestos de islas) con el principio fundamental de proximidad, ya examinado, ante la falta de instalaciones o sistemas de tratamiento suficientes o adecuados.

39 Sobre la irrelevancia del valor económico de los residuos en orden a su calificación, así como sobre sus implicaciones respecto del reconocimiento de subproductos y del «fin de la condición de residuo», vid. ALENZA GARCÍA, J. F. (2022). «¿Objeto y finalidad de la nueva Ley de Residuos? Los conceptos de residuo, de subproducto y de fin de la condición de residuo», *Revista Aragonesa de Administración Pública (Monografías)*, XXI , pp. 29-64.

40 Vid. TRIAS PRATS, B. (2022). «Traslado de Residuos (arts. 31 y 32)», *Revista Aragonesa de Administración Pública (Monografías)*, XXI, pp. 313 y 314.

Desde un plano global, el crecimiento económico de algunos países del denominado Sur Global (particularmente, asiáticos) ha propiciado y sigue propiciando una demanda extraordinaria de residuos y otras materias primas (incluye, singularmente, plásticos), provocando igualmente su aumento de precio, y, en fin, de traslados transfronterizos[41].

Aunque generan indudable interés comercial, los traslados de residuos de envases también representan auténticos riesgos atendiendo al impacto ambiental asociado al transporte de residuos a escala nacional o internacional (*v. gr.*, consumo energético, emisiones), y, sobre todo, en relación con la inadecuada gestión de aquellos residuos en el país de destino, máxime en supuestos de transportes transfronterizos hacia terceros países del Sur Global[42].

Unido a lo anterior, los traslados ilegales de residuos de envases, según se analizan en este trabajo más adelante, plantean riesgos muy significativos sobre el medio ambiente. Particularmente, en el caso de los residuos de envases de plástico, sobre los mares y océanos, en forma de «basura marina»[43] e, incluso, sobre el propio mercado, al distorsionar precios y promover prácticas anticompetitivas.

3.2 Convenio de Basilea y sus enmiendas: residuos de envases de plástico y sus categorías

A nivel internacional, el flujo de residuos peligrosos y otros residuos se encuentra regulado por el Convenio de Basilea sobre el control de los movimientos transfronterizos de los desechos peligrosos y su eliminación, de fecha 22 de marzo de 1989 (el Convenio de Basilea). Se trata del principal instrumento jurídico a escala global sobre traslados transfronterizos de residuos peligrosos y otros residuos, y su gestión ambientalmente racional, cuyo origen radica en la preocupación, desde principios de la década de 1980, por la indebida gestión de residuos en determinados países o territorios importadores

---

41 Traslados que, sobre todo tras las limitaciones impuestas por China a la importación de residuos plásticos en su territorio, como luego insistiremos, se producen habitualmente contraviniendo la legislación vigente. Así lo vino a reconocer, de hecho, en España, la misma Secretaría de Estado de Medio Ambiente en su «Nota de la Subdirección General de Residuos sobre traslados transfronterizos, especialmente de residuos de plásticos», de fecha 18 febrero 2020, afirmando que «se ha podido detectar que una parte importante de residuos de plásticos exportados a los países asiáticos desde España no son trasladados de acuerdo con la normativa vigente, pudiendo resultar en muchos casos como traslados ilícitos». Disponible a través de este enlace:
<https://www.miteco.gob.es/content/dam/miteco/es/calidad-y-evaluacion-ambiental/temas/prevencion-y-gestion-residuos/notawebplasticos_tcm30-503189.pdf>.

42 Al respecto, vid. AGENCIA EUROPEA DE MEDIO AMBIENTE (2019). «Plastics waste trade and the environment», *ETC/WMGE Report no. 5/2019*, pp. 23 y 24.

43 Se estiman ciento cincuenta millones de toneladas de plástico. Esto constituye un problema ambiental de enorme magnitud, máxime si se toma en cuenta que dicha «basura marina» tarda mucho más tiempo en degradarse en mar que en tierra, debido a la temperatura (inferior) y a la presencia de determinados componentes o sustancias (*v. gr.*, sal). *Ibidem*, p. 22.

de desechos tóxicos y otros desechos peligrosos (concretamente, África) y, sin duda, por la escalada de los costes asociados a su eliminación[44].

Junto a la mayor conciencia ambiental y el profundo desarrollo del Derecho ambiental internacional desde la Conferencia de las Naciones Unidas sobre el Medio Humano, celebrada en Estocolmo en 1972 para dar comienzo a la conocida como tercera etapa del Derecho ambiental internacional[45], surge el Convenio de Basilea, en vigor desde mayo de 1992, con la finalidad de controlar las exportaciones e importaciones de desechos peligrosos y su eliminación, así como de reducir su volumen de intercambio, a fin de proteger la salud humana y el medio ambiente. En particular, por medio del Convenio de Basilea, se persigue restringir los traslados transfronterizos de residuos peligrosos, salvo en determinados supuestos de «manejo ambientalmente racional»[46], e instaurar un sistema regulador de dichos traslados, en caso de resultar admisibles.

A tal efecto, el Convenio de Basilea se proyecta sobre una amplia gama de desechos definidos por la norma como «desechos peligrosos», en función de su origen y composición, y de sus características, lo que permite su inclusión en el Anexo I (y VIII y IX) de aquella convención (*v. gr.*, desechos de medicamentos, desechos que contengan bifenilos policlorados [PCB]) o en la legislación interna del «Estado de exportación, importación o tránsito» (art. 1). Dicho convenio también se proyecta sobre dos grupos de desechos calificados como «otros desechos»: residuos recogidos de hogares y residuos resultantes de la incineración de los primeros (Anexo II del Convenio de Basilea).

Dejando al margen las disposiciones generales y transversales del Convenio de Basilea, y sin perjuicio de todo cuanto se examina con mayor detalle en adelante, se establecen una serie de prohibiciones, de modo que no se permite la exportación de desechos peligrosos a la Antártida, a un Estado que no sea parte del Convenio de Basilea o a un Estado parte que haya prohibido la importación de desechos peligrosos (art. 4), al tiempo que se contempla la posibilidad de suscribir acuerdos bilaterales o multilaterales (o regionales) sobre el manejo de residuos peligrosos entre Estados parte o con otros Estados que no sean parte del Convenio de Basilea. Todo ello siem-

---

44 En este sentido, vid. Kummer Peiry, K. (2011). «Convenio de Basilea sobre el control de los movimientos transfronterizos de los desechos peligrosos y su eliminación», *United Nations Audiovisual Library of International Law*, pp. 1-11.

45 Etapa caracterizada por la mundialización e institucionalización del Derecho ambiental internacional, debido muy significativamente al mayor reconocimiento de la complejidad y alcance de los problemas ambientales y de la necesidad de adoptar medidas para afrontarlos por parte de los distintos (y crecientes en número) Estados, junto a la creación del Programa de Naciones Unidas para el Medio Ambiente (PNUMA). En este sentido, vid. Lozano Cutanda, B. y Alli Turillas, J. C. (2022). «Administración y Legislación Ambiental», *Dykinson*, pp. 140-145.

46 Conforme el art. 2.8 del propio Convenio de Basilea, por «manejo ambientalmente racional» de desechos se entiende «la adopción de todas las medidas posibles para garantizar que los desechos peligrosos y otros desechos se manejen de manera que queden protegidos el medio ambiente y la salud humana contra los efectos nocivos que pueden derivarse de tales desechos».

pre que tales acuerdos «no menoscaben el manejo ambientalmente racional de los desechos peligrosos y otros desechos que estipula el presente Convenio» (art. 11). En cambio, los traslados transfronterizos de residuos que no se encuentren, por principio, prohibidos, se admiten en la medida en que representen una solución ambientalmente racional, se respeten los principios de gestión ambientalmente racional y no discriminación[47], y se lleven a cabo de acuerdo con las disposiciones reglamentarias del Convenio de Basilea.

Precisamente, las aludidas disposiciones reglamentarias constituyen la pieza clave del Convenio de Basilea originalmente aprobado, a partir del concepto esencial de consentimiento previo fundamentado[48] y de las exigencias de notificación y suministro de información sobre los traslados a realizar.

Actualmente, forman parte del Convenio de Basilea 191 Estados y organizaciones, incluyendo la Unión Europea, desde 1993 por Decisión 93/98/CEE del Consejo, de 1 de febrero, y España, desde 1994 por Instrumento de ratificación de 7 de febrero (BOE núm. 227, de 22 de septiembre). A su vez, y como sucede habitualmente con los convenios multilaterales, el Convenio de Basilea establece su propio marco institucional, configurado en torno a las Conferencias de las Partes (COP), órgano supremo de toma de decisiones, y la Secretaría del Convenio de Basilea, facilitada por el Programa de las Naciones Unidas para el Medio Ambiente (PNUMA), con la función básica, entre otras, de promover y posibilitar el intercambio de información en el marco de dicha convención.

Desde su adopción y entrada en vigor, el Convenio de Basilea viene experimentando numerosos avances, entre los que destacan los siguientes[49]:

i.   COP II (1994): decisión de las partes de prohibir de inmediato todos los movimientos transfronterizos de desechos peligrosos de Estados parte de la Organización para la Cooperación y el Desarrollo Económicos (OCDE) hacia Estados que no formen parte de dicha OCDE destinados a su elimi-

---

47   Junto a estos principios fundamentales, la regulación sustantiva del Convenio de Basilea se inspira en otros tanto, como los siguientes: (i) «minimización», orientado a la reducción en la medida de lo posible de la generación de residuos (desde la doble perspectiva de cantidad y riesgos asociados), y (ii) «proximidad», en igual sentido al expuesto respecto de la legislación europea sobre residuos, de modo que los desechos sean tratados tan cerca como sea posible de su lugar de generación. En este sentido, vid. Cubel Sánchez, P. (1998). «El comercio internacional de desechos y la protección del medio ambiente. La Organización Mundial del Comercio y el Convenio de Basilea sobre movimientos transfronterizos de desechos peligrosos y su eliminación», *Anuario Español de Derecho Internacional*, XIV, pp. 675-679.

48   En realidad, se trata de un auténtico principio estructural del Convenio de Basilea, por cuya virtud ningún Estado parte del Convenio de Basilea debe permitir que se exporten desechos peligrosos a otros que no hayan prestado su consentimiento en la forma reglada por dicha convención. *Ibidem*, p. 675.

49   Al respecto, la página web oficial del Convenio de Basilea proporciona toda la información sobre sus sucesivas COP, con detalle de los respectivos informes y acuerdos alcanzados. Disponible a través del enlace siguiente: <https://www.basel.int/TheConvention/ConferenceoftheParties/OverviewandMandate/tabid/1316/Default.aspx>

nación definitiva. A partir del 31 de diciembre de 1997, también a operaciones de reciclado y recuperación.

ii. COP III (1995): enmienda de prohibición al Convenio de Basilea (art. 4), relativa a la prohibición de movimientos transfronterizos de desechos peligrosos destinados a operaciones de eliminación del Anexo IV A (y, a partir del 31 de diciembre de 1997, Anexo IV B) hacia Estados no incluidos en el Anexo VII (Decisión de las Partes BC-III/1).

iii. COP IV (1998): introducción de dos listas de desechos específicos (A y B) como nuevos Anexos VIII y IX del Convenio de Basilea (constituyen aclaraciones del art. 1.1.a).

iv. COP V (1999): adopción del Protocolo de Basilea sobre responsabilidad e indemnización por daños resultantes de los movimientos transfronterizos de derechos peligrosos y su eliminación.

v. COP VI (2002): introducción de un mecanismo para promover la implementación y cumplimiento del Convenio de Basilea (Decisión de las Partes BC-VI/12).

En lo que a los residuos de envases de plástico se refiere, el Convenio de Basilea fue enmendado de forma muy significativa en 2019 (COP XIV), mediante Decisión de las Partes BC-XIV/12 (la Enmienda para Plásticos), con entrada en vigor en fecha 1 de enero de 2021. Esta Enmienda para Plásticos, destinada a reforzar el control de los movimientos transfronterizos de desechos plásticos, no supone ninguna prohibición a la importación, exportación o tránsito de residuos plásticos, sino solo una clarificación del ámbito de aplicación del Convenio de Basilea, por medio de la incorporación de nuevas categorías de desechos en sus Anexos II, VIII y IX, como sigue[50]:

i. Anexo II (Categorías de desechos que requieren una consideración especial): se introduce una nueva categoría «Y48» que engloba todos los residuos plásticos, incluyendo las mezclas de desechos plásticos, con la salvedad de los residuos plásticos peligrosos (Anexo VIII) o presuntamente no peligrosos (Anexo IX). Aquellos residuos plásticos incluidos en el Anexo

[50] Algunos gobiernos, entidades y organizaciones vienen publicado, tras la adopción de la Enmienda para Plásticos, guías o notas explicativas para facilitar su aplicación, a partir de la correspondencia entre tipologías de residuos plásticos y su respectivo trámite conforme el Convenio de Basilea. Entre otros, y por resultar especialmente ilustrativo, cabe mencionar los «Criterios de Aplicación de la Enmienda BC-14/12 del Convenio de Basilea Sobre Movimientos Transfronterizos de Desechos y su Eliminación», emitidos por la Subsecretaría de Gestión para la Protección Ambiental del Gobierno de México. Disponible a través del enlace siguiente: <https://www.gob.mx/cms/uploads/attachment/file/613386/Criterios_Aplicacio_n_de_la_Enmienda_BC-1412_Convenio_de_Basilea__1_.pdf>

Y lo anterior sin perjuicio, claro, de las propias directrices y guías técnicas elaboradas en el seno del Convenio de Basilea, y, en particular, de las «Directrices técnicas para la identificación y el manejo ambientalmente racional de los desechos plásticos y para su eliminación» (UNEP/CHW/6/21). Disponible a través del enlace siguiente: <file:///C:/Users/MVSC/Downloads/UNEP-CHW-WAST-GUID-PlasticWastes-English.pdf>.

II del Convenio de Basilea se encuentran sujetos al procedimiento de consentimiento previo e informado.

ii. Anexo VIII (Desechos peligrosos): se introduce una nueva categoría «A3210» relativa a los desechos plásticos peligrosos, igualmente sujetos al procedimiento de consentimiento previo e informado.

iii. Anexo IX (Desechos presuntamente no peligrosos): se introduce una nueva categoría «B3011» relativa a los desechos plásticos, por principio, no peligrosos y, por tanto, no sujetos al procedimiento de consentimiento previo e informado, siempre y cuando tales desechos se destinen al reciclado de forma respetuosa con el medio ambiente y se encuentren prácticamente libres de contaminación y de otros tipos de desechos.

A partir de la Enmienda para Plásticos, el Convenio de Basilea se presenta como el único instrumento a nivel internacional que, siendo jurídicamente vinculante, se ocupa específicamente de los residuos plásticos, con la finalidad de concretar en este ámbito los tres pilares de la aludida convención. En efecto, la Enmienda para Plásticos persigue mejorar el control de los movimientos transfronterizos de residuos plásticos (envases), por medio de la regulación transparente y clara de las condiciones para su comercio, al tiempo que constituye un fuerte incentivo para reforzar las infraestructuras nacionales de tratamiento y eliminación, en su caso, de dichos residuos y contribuir a la creación de puestos de trabajo y oportunidades de negocio (*v. gr.*, innovación en el diseño de alternativas al plástico como material de envases)[51].

Como luego revisaremos, aunque la Enmienda para Plásticos supuso desde un primer momento un cambio relevante en el comercio mundial de los residuos plásticos, lo cierto es que la identificación y control de los traslados de dichos residuos sigue siendo aún hoy un problema muy relevante en la práctica, debido, entre otros motivos, a la insuficiencia de recursos y de las directrices adoptadas hasta la fecha —en concreto, «Directrices técnicas para la identificación y el manejo ambientalmente racional de los desechos plásticos y para su eliminación»— y a las dificultades por discernir entre operaciones de reciclaje y otras técnicas o fórmulas de valorización, e incluso eliminación de residuos plásticos.

---

51 Aun así, la Enmienda para Plásticos arroja algunas sobras —nada desdeñables—, como sucede con la indeterminación de las condiciones y criterios por los que se rigen las exenciones en el procedimiento de consentimiento previo e informado (concretamente, garantizar su destino a reciclado de manera ambientalmente racional y su composición por cantidades mínimas de contaminación y de otros desechos, como ya apuntamos), para quedar, en último término, en manos de los distintos Estados parte del Convenio de Basilea, o incluso de los respectivos operadores económicos. En este sentido, vid. CAMPINS ERITJA, M. (2022). «Basilea, Roterdam y Estocolmo: un régimen internacional permeable para la gestión de residuos peligrosos y productos químicos», *Revista Catalana de Dret Ambiental*, XIII (2), pp. 30 y 31.

3.3 Marco legislativo regional y nacional: distribución de competencias y dispersión normativa

3.3.1 Unión Europea

Como dejamos previamente apuntado, los traslados de residuos se encuentran actualmente regulados, a nivel regional de la UE, por el Reglamento sobre Traslados, así como también por el Reglamento (CE) 1418/2007 de la Comisión, de 29 de noviembre, relativo a la exportación, con fines de valorización, de determinados residuos enumerados en los Anexos III o IIIA del Reglamento sobre Traslados, a determinados países en los que no es aplicable la Decisión de la OCDE sobre el control de los movimientos transfronterizos de residuos (el Reglamento 1418/2007).

Se trata de una materia compleja sobre la que las instituciones de la UE disponen de competencia para legislar, de forma compartida con sus Estados miembros, como España, conforme con los arts. 191 y ss. del Tratado de Funcionamiento de la UE, por los que se recogen, en particular, los objetivos de la política ambiental de la UE. Estos incluyen «la utilización prudente y racional de los recursos naturales» y «el fomento de medidas a escala internacional destinadas a hacer frente a los problemas regionales o mundiales del medio ambiente», así como los principios generales de dicha política: entre otros, prevención y cautela, «quien contamina paga», y, muy significativamente, en lo que a la gestión de residuos se refiere, «corrección de los atentados al medio ambiente, preferentemente en la fuente misma»[52].

En este sentido, el Reglamento sobre Traslados busca asegurar el pleno cumplimiento de la legislación de la UE en materia de residuos —así como su jerarquía y gestión—, por medio de la reglamentación y control de la trasferencia (traslado) de desechos, teniendo en cuenta la disparidad de criterios y normativa, e incluso de instalaciones disponibles y su rendimiento, a fin de garantizar el debido tratamiento de dichos residuos en destino. Su ámbito de aplicación se extiende no únicamente a los movimientos de desechos entre Estados miembros de la UE, ya sea en el interior del territorio comunitario o con tránsito por terceros países, sino también a los traslados de residuos fuera de la UE (extracomunitarios). Esto es, a las importaciones en la UE de residuos de terceros países, a las exportaciones de la UE de residuos hacia terceros países y al tránsito por la UE de residuos de un tercer país a otro.

---

52 Tal complejidad se manifiesta con especial intensidad, como ya advertimos, cuando se toma en cuenta la naturaleza de los residuos como auténticas mercancías, y, por tanto, su sujeción a las técnicas jurídicas puestas al servicio de las libertades básicas que rigen el mercado interior de la UE (muy en particular, libre competencia y libre circulación de mercancías). Al respecto, vid. Trias Prats, B. (2022). «Traslado de Residuos (arts. 31 y 32)», *Revista Aragonesa de Administración Pública (Monografías)*, XXI, pp. 312 y 314..

Al tratarse de una competencia compartida, la acción normativa de la UE exige del debido respeto a los principios fundamentales de subsidiariedad y proporcionalidad, de modo que la UE se encuentra habilitada para legislar en el siguiente supuesto:

> Sólo [sic] en caso de que, y en la medida en que, los objetivos de la acción pretendida no puedan ser alcanzados de manera suficiente por los Estados miembros, ni a nivel central ni a nivel regional y local, sino que puedan alcanzarse mejor, debido a la dimensión o a los efectos de la acción pretendida, a escala de la Unión (art. 5 del Tratado de la UE)[53].

Sin duda, la necesidad de disponer de normas comunes sobre el control de los movimientos transfronterizos de residuos a escala regional de la UE justifica sobradamente la intervención de la UE en dicha materia, no constreñida al ámbito interno de sus Estados miembros —al contrario, de hecho—, a fin de garantizar la debida seguridad jurídica e igualdad de trato a todos los agentes económicos europeos, y, a su vez, evitar situaciones por las que determinados operadores pudieran optar por trasladar sus desechos hacia (o a través de) Estados miembros con normas nacionales menos estrictas[54], o bien exportarlos a terceros países desde la UE en condiciones contrarias a la protección ambiental.

Unido a lo anterior, el Reglamento sobre Traslados asegura la coherencia en la aplicación por cada Estado miembro de la UE del Convenio de Basilea y de la Decisión del Consejo de la OCDE relativa a la revisión de la Decisión sobre el control de los movimientos transfronterizos de residuos destinados a operaciones de valorización (la Decisión OCDE)[55], para evitar o reducir obstáculos a los traslados de residuos dentro de la UE o al buen funcionamiento de su mercado interior. De hecho, como ya avanzamos, el régimen de la UE sobre traslados de residuos resulta más estricto o exigente que aquel contenido en el Convenio de Basilea, al prohibir las exportaciones de residuos desde la UE a terceros países no pertenecientes a la Asociación Europea de Libre Comercio (EFTA, por sus siglas en inglés) «con destino a la eliminación» y de residuos peligrosos —e incluso, en algunos casos, no peligrosos— fuera de la OCDE.

Al margen del Reglamento sobre Traslados y del Reglamento 1418/2007, otras normas de Derecho derivado de la UE inciden, en mayor o menor medida, sobre el régimen aplicable a los traslados de residuos. Es el caso delos Reglamentos (UE)

---

53 Sobre el contenido y alcance de los aludidos principios de subsidiariedad y proporcionalidad, a la luz igualmente de la jurisprudencia del TJUE, vid. Lozano Cutanda, B. y Alli Turillas, J.C. (2022). «Administración y Legislación Ambiental», *Dykinson*, pp. 186-194.

54 Se trata del fenómeno conocido como *port hopping*, sobre el que diversos informes de la Red de la UE para la Aplicación y el Cumplimiento de la Legislación Medioambiental (IMPEL) advierten de sus riesgos, debido a la desigual implementación de la legislación europea sobre traslados de residuos por parte de los distintos Estados miembros de la UE y a la existencia de distintos niveles de rigor en la aplicación de sus respectivos controles. Por todo, vid. IMPEL-TFS (2012). Final Project Report n.º 2011/18 «Enforcement of EU Waste Shipment Regulation» (IMPEL-TFS Enforcement Actions II), pp. 34.

55 Decisión C (2001) 107 final del Consejo de la OCDE relativa a la revisión de la Decisión C (92) 39 final sobre el control de los movimientos transfronterizos de residuos destinados a operaciones de valorización.

1257/2013 del Parlamento Europeo y del Consejo, de 20 de noviembre, relativo al reciclado de buques, y 2020/1056 del Parlamento Europeo y del Consejo, de 15 de julio, sobre información electrónica relativa al transporte de mercancías, y, por supuesto, de la Directiva Marco sobre Residuos.

Actualmente, se encuentra en fase de tramitación parlamentaria (expte. núm. 2021/0367/COD) una propuesta de nuevo reglamento relativa a los traslados de residuos, formulada por la Comisión Europea en noviembre de 2021 (la Propuesta de Reglamento sobre Traslados)[56]. Al encontrarse aún pendiente de aprobación, la Propuesta de Reglamento sobre Traslados no es objeto del presente trabajo, centrado, como luego se examina, en la vertiente más práctica de los traslados de residuos y sus requisitos y condiciones, sin perjuicio de cualquier mención, comentario o advertencia que su contenido, en la versión actual propuesta, merezca.

A grandes rasgos, y sin perjuicio de cuanto se examina con mayor detalle en adelante, la legislación hoy vigente de la UE sobre traslado de residuos, integrada, principalmente, por el Reglamento sobre Traslados, limita y controla los movimientos trasfronterizos de desechos, dentro y fuera del territorio de la UE. Estas medidas de vigilancia, prohíben algunos traslados y someten a otros —en función, siempre, de su destino— a procedimientos estrictos de notificación y consentimiento previo, con algunas salvedades, como sucede con las «instalaciones de valorización con autorización previa», o, con los residuos no peligrosos incluidos en la Lista Verde de la UE.

En coherencia con las determinaciones del Convenio de Basilea y sus enmiendas, los residuos plásticos (incluyendo envases) se encuentran clasificados como residuos peligrosos, no peligrosos o sometidos a consideración especial, según su tipología y características, una vez adaptado el Reglamento sobre Traslados a la Enmienda para Plásticos, por medio de Reglamento Delegado (UE) 2020/2174 de la Comisión, de 19 de octubre, por el que se modifican los Anexos IC, III, IIIA, IV, V, VII y VIII de aquel Reglamento sobre Traslados[57].

3.3.2 España

En España, la Ley 7/2022, de 8 de abril, de residuos y suelos contaminados para una economía circular (la Ley 7/2022), en sus arts. 31 y 32 (y correlativos), se ocupa de

---

56 Propuesta de Reglamento del Parlamento Europeo y del Consejo, de fecha 17 de noviembre de 2021, relativa a los traslados de residuos y por el que se modifican los Reglamentos (UE) n.º 1257/2013 y (UE) n.º 2020/1056; COM 2021 709 final.

57 Como ya ha ocurrido, previamente, con otras tipologías de residuos (*v. gr.*, aparatos eléctricos y electrónicos, vehículos al final de su vida útil), las instituciones de la UE publicaron *correspondents' guidelines* (núm. 12) relativas a la clasificación de residuos plásticos, dirigidas a facilitar la interpretación y aplicación (sin carácter vinculante) del Reglamento sobre Traslados tras la entrada en vigor de la Enmienda para Plásticos. Al respecto, vid. Comisión Europea (2021). «Waste shipments correspondents' guidelines n.º 12 on the classification of plastic waste». Disponible a través del enlace siguiente:
<https://environment.ec.europa.eu/system/files/2021-12/Correspondents›%20guidelines%20No%2012%20final%20Nov%202021%20corr1.pdf>.

regular los traslados de residuos, tanto «en el interior del territorio del Estado» como desde o hacia otros países (entrada y salida —y tránsito— del territorio nacional), respectivamente, como ya hiciera previamente su norma antecesora[58].

Se parte, entonces, del distinto régimen aplicable a los traslados de residuos en función de su origen y destino, de modo que la Ley 7/2022 remite a la legislación europea (concretamente, el Reglamento sobre Traslados) y a los tratados internacionales de los que España sea parte (en particular, Convenio de Basilea) para los traslados transfronterizos de residuos. Los movimientos o transferencias de desechos dentro del territorio del Estado, en cambio, quedan regulados por la propia normativa nacional (al quedar, de hecho, fuera del alcance del Reglamento sobre Traslados, con independencia de que la solución adoptada por cada Esta miembro de la UE, como España, deba guardar coherencia con su régimen de vigilancia y control, *ex* art. 33). Sobre este último punto, si bien es posible distinguir entre traslados de residuos realizados entre comunidades autónomas (*i.e.*, de una comunidad autónoma a otra) y traslados de residuos llevados a cabo dentro, exclusivamente, del territorio de cada comunidad autónoma, la Ley 7/2022 no introduce tal distinción. De tal forma, ambos supuestos quedan recogidos o comprendidos, por principio, dentro de su ámbito de aplicación, aunque dicha norma se orienta, fundamentalmente, a los traslados de residuos entre comunidades autónomas.

De todos modos, aunque la Ley 7/2022 se refiere a la posibilidad por parte de las comunidades autónomas de regular y aplicar su propio régimen de vigilancia y control sobre aquellos traslados de residuos realizados dentro de su territorio, ello no significa que las determinaciones de la Ley 7/2022 no les sean aplicables o deban tenerse en cuenta; todo lo contrario. Al margen del carácter básico de la legislación estatal, algunas de sus determinaciones gozan de alcance general (*v.gr.*, contrato de tratamiento, documento de identificación), al tiempo que la propia norma dispone expresamente que aquel régimen de vigilancia y control que apliquen las comunidades autónomas sea coherente «con lo establecido en este artículo» (art. 31.11 de la Ley 7/2022)[59].

Junto con la Ley 7/2002, y en desarrollo de su art. 31, el Real Decreto 553/2020, de 2 de junio, por el que se regula el traslado de residuos en el interior del territorio del Estado (el RD 553/2020) recoge, en detalle, las condiciones y requisitos relativos a los traslados de residuos «en el interior del territorio del Estado», y alude, expresa y únicamente, a los movimientos de desechos entre comunidades autónomas para su valorización o eliminación, o para su tratamiento intermedio y almacenamiento (art. 1.2). En cambio, la Disposición adicional segunda del RD 553/2020, en coherencia con las determinaciones de la Ley 7/2022, permite a las comunidades autónomas adoptar una

---

58 A saber, Ley 22/2011, de 28 de julio, de residuos y suelos contaminados, en sus arts. 25 y 26.
59 En este sentido, vid. Trias Prats, B. (2022). «Traslado de Residuos (arts. 31 y 32)», *Revista Aragonesa de Administración Pública (Monografías)*, p. 318.

normativa propia sobre sus traslados internos de residuos (*i.e.*, dentro de su territorio), siempre que dicha normativa sea congruente y consonante con el régimen del Reglamento sobre Traslados.

En cualquier caso, por tanto, la legislación básica estatal debe completarse necesariamente con la legislación adoptada, eventualmente, por las comunidades autónomas, en lo que a los traslados de residuos dentro de su propio territorio se refiere. Esto plantea dudas adicionales sobre la posibilidad de adoptar normas adicionales de protección por parte de dichas comunidades autónomas, en el ámbito específico de los traslados de residuos. Sin necesidad de ahondar en tal cuestión, por exceder del alcance del presente trabajo, sirve apuntar que, en la lógica ya expresada por algunos autores[60], la debida coherencia que el Reglamento sobre Traslados impone al legislador estatal, junto con la aplicación de los principios de proximidad y suficiencia en su interpretación dada por el TJUE (en particular, STJUE de 13 de diciembre de 2011, asunto *Daimler Chrysler*), permitiría la adopción de normas de mayor protección, tanto al Estado respecto del legislador europeo como a las comunidades autónomas respecto del primero. Esta última cuestión sería posible siempre que tales normas resultasen necesarias, útiles, proporcionadas y no discriminatorias para garantizar la protección del medio ambiente, en cuanto que excepción a la libertad de circulación de mercancías admitidas por la jurisprudencia comunitaria, por todas, en la notoria STJCE de 20 de febrero de 1979, asunto *Cassis de Dijon*.

---

60 *Ibidem*, pp. 339-342.

4. Traslados ilegales de residuos de plástico: naturaleza, causas y evolución

4.1 Concepto, causas y problemática suscitada: traslados ilegales de residuos de envases de plástico dentro de la UE y hacia (o desde) terceros países

Tal y como dejamos anotado con anterioridad, el Convenio de Basilea se concibe y nace en la década de 1980 en respuesta a la preocupación por la indebida gestión de residuos en determinados países o territorios importadores de desechos tóxicos y otros desechos peligrosos (concretamente, África). Dicha gestión se encontraba directamente relacionada con el tráfico descontrolado e ilegal de residuos hacia esos países o territorios[61]. Se trata, por tanto, de una preocupación ya presente en el mismo origen de la normativa de referencia sobre traslados de residuos.

Tanto es así que la definición y consecuencias del denominado «tráfico ilegal» de residuos se encuentra recogida en el propio Convenio de Basilea, cuyo art. 9.1 dispone los siguientes presupuestos —no acumulativos, sino alternativos—, para que un determinado movimiento de desechos peligrosos u otros desechos se considere tráfico ilícito:

i. que se realice «sin notificación a todos los Estados interesados conforme a las disposiciones del presente Convenio»;

ii. que se realice «sin el consentimiento de un Estado interesado conforme a las disposiciones del presente Convenio»;

---

61   Al respecto, vid. KUMMER PEIRY, K. «Convenio de Basilea sobre el control de los movimientos transfronterizos de los desechos peligrosos y su eliminación», *United Nations Audiovisual Library of International* Law, p. 1-11.

iii. que se realice «con consentimiento obtenido de los Estados interesados mediante falsificación, falsas declaraciones o fraude»;

iv. que se realice «de manera que no corresponda a los documentos en un aspecto esencial»; o

v. que se realice de manera «que entrañe la eliminación deliberada (por ejemplo, vertimiento) de los desechos peligrosos o de otros desechos en contravención de este Convenio y de los principios generales del derecho internacional».

Según se verifica, el concepto de tráfico ilícito o ilegal de residuos se configura en términos muy amplios, y no se limita solo a conductas pretendidamente delictivas o asociadas al crimen organizado, sino también a comportamientos negligentes (o dolosos) por incumplir con el régimen jurídico de los traslados de residuos establecido por el Convenio de Basilea. De esta manera, la simple omisión de información en documentos de circulación —o su ausencia—, la falta de obtención del consentimiento por escrito de algún Estado interesado (*v. gr.*, Estado importador) o, incluso, el transporte de desechos a instalaciones no designadas o distintas de las designadas inicialmente constituyen supuestos de tráfico ilegal de residuos, con sus consecuencias y obligaciones dimanantes, según se revisa seguidamente.

En igual sentido, e incluso con mayor alcance, la definición de «traslado ilícito» contenida en el Reglamento sobre Traslados (art. 2.35) incluye todo traslado o movimiento de residuos efectuado de los siguientes modos:

i. Sin haber notificado a todas las autoridades competentes afectadas.

ii. Sin autorización de las autoridades competentes afectadas.

iii. Tras haber obtenido autorización de las autoridades competentes afectadas mediante «falsificación, tergiversación o fraude».

iv. De modo que «no aparezca especificado materialmente en los documentos de notificación o de movimiento».

v. De modo que «dé lugar a una valorización o una eliminación que infrinja la normativa comunitaria o internacional».

vi. De forma contraria a los arts. 34, 36, 39, 40, 41 y 43 del Reglamento sobre Traslados, sobre distintas prohibiciones de importación y exportación de residuos.

vii. De modo que, en relación con los residuos de la «Lista Verde» y otros residuos destinados a análisis de laboratorio (art. 3 del Reglamento sobre Traslados, apartados 2 y 4), se compruebe que dichos residuos no figuran en los Anexos III, IIIA o IIIB del Reglamento sobre Traslados, no se cumpla con su art. 3 (apartado 4) o «el traslado se efectúe de un modo no especificado concretamente en el documento que figura en el anexo VII».

En cualquier caso, lo cierto es que la problemática fundamental en torno al tráfico ilegal de residuos se produce con el crimen organizado. Este fenómeno puede incluirse, por su naturaleza y significación, dentro de la conocida, en ocasiones, criminalidad ambiental transnacional, que engloba actividades igualmente ilícitas como el comercio internacional de especies de animales y vegetales silvestres o de recursos naturales protegidos (*v. gr.*, madera) en contra de lo dispuesto por los tratados o legislación en cada caso aplicables[62]. Tal forma de criminalidad se caracteriza, sobre todo, por el hecho de que sus autores, productos y, habitualmente, beneficios obtenidos exceden de las fronteras de un país o territorio y se proyectan sobre otros, con la finalidad de obtener ganancias ilícitas[63], al tiempo que suelen crear o aprovechar sinergias o vincularse con otras formas de criminalidad (*v. gr.*, corrupción, tráfico de armas, blanqueo de capitales).

Como causas principales del tráfico ilícito de residuos y, concretamente, de aquellos de envases de plástico, cabe referirse a los siguientes factores: (i) socioeconómicos, dada la necesidad —e incluso dependencia— de algunos países y territorios de materias primas y bienes de segunda mano, junto con el abaratamiento en costes de gestión que la exportación de residuos representa hacia esos países y territorios y los beneficios obtenidos por las organizaciones criminales (y otros operadores ilegales) en un mercado con grandes oportunidades de negocio ilícito; (ii) políticos y medioambientales, dadas las regulaciones dispares entre los distintos países sobre traslados de residuos, lo que provoca el efecto perverso de las jurisdicciones de conveniencia, o incluso la adopción por parte de las organizaciones criminales de nuevas fórmulas para eludir la legislación aplicable y así seguir con sus actividades ilícitas; y (iii) de aplicación deficiente, unido a lo anterior, dada la complejidad y recursos necesarios para detectar, investigar y enjuiciar las actividades de tráfico ilícito de residuos. En este sentido, en

---

62 Sobre los principales delitos transnacionales contra el medio ambiente y su magnitud estimada, incluyendo el tráfico ilegal de residuos, vid. NELLEMANN, C. *et al.* (2014). «La crisis de delitos contra el medio ambiente. Amenazas al desarrollo sostenible procedentes de la explotación y el comercio ilegales de recursos forestales y de la fauna y flora silvestres. Una evaluación de respuesta rápida del PNUMA», *Programa de las Naciones Unidas para el Medio Ambiente y GRIDArendal, Nairobi y Arendal,* pp. 15-19.

63 Así es, conforme con las propias definiciones y el ámbito de aplicación de la Convención de las Naciones Unidas contra la Delincuencia Organizada Transnacional (o Convenio de Palermo), de fecha 22 de marzo de 1989, por la que se define, en particular, «grupo delictivo organizado"» como cualquier «grupo estructurado de tres o más personas que exista durante cierto tiempo y que actúe concertadamente con el propósito de cometer uno o más delitos graves o delitos tipificados con arreglo a la presente Convención con miras a obtener, directa o indirectamente, un beneficio económico u otro beneficio de orden material». En igual sentido, con detalle de las notas y factores que inciden en la delincuencia ambiental transnacional, vid. ELLIOT, L. (2012). «Fighting Transnational Environmental Crime», *Journal of International Affairs,* 66 (1), p. 89.

ocasiones, resulta complicado distinguir entre bienes y desechos a los efectos de aplicar el Convenio de Basilea y restantes disposiciones de referencia[64].

Tal y como destacan la ONU y otras organizaciones a nivel internacional, el tráfico ilícito de residuos plásticos supone, en la actualidad, un problema de gran alcance y dimensiones, al involucrar una red muy amplia de operaciones, cada vez más sofisticadas, para eludir los distintos sistemas y regímenes de control establecidos[65].

Si bien, históricamente, la gran mayoría de residuos de envases de plástico se destinaba al gigante asiático, China (aproximadamente, 45% desde 1992)[66], las políticas y controles adoptados por dicho país a partir de 2013 significaron la dispersión de las exportaciones de aquellos residuos hacia otros terceros países (*v. gr.*, Malasia, Tailandia, India). Tales exportaciones no siempre seguían las prescripciones del Convenio de Basilea y restante normativa aplicable, con las añadidas dificultades en la represión del tráfico ilegal. Junto con Asia, también Europa y África —este último continente en menor medida—, reciben, mediante tráfico ilegal, residuos de envases de plástico.

A fin de ilustrar la significación del tráfico ilícito de residuos de plástico, en particular, la conocida Operación *Green Earth*, dirigida por la Organización Mundial de Aduanas (OMA) con el apoyo del PNUMA y del Convenio de Basilea, puso de manifiesto más de100 casos de traslados ilegales de residuos (en su gran mayoría, por vía marítima) con un total de 45 casos relativos a plásticos, por una cantidad equivalente de 68 millones de kilogramos[67]. Asimismo, la Organización Internacional de Policía Criminal (INTERPOL) y la Agencia de la Unión Europea para la Cooperación Policial (EUROPOL) inciden en las tendencias delictivas observadas sobre residuos plásticos a través de proyectos como *LIFE SMART Waste Project*, entre otros, por el que se advierte de la amenaza creciente —sobre todo, desde 2018— vinculada a los delitos y otras conductas ilícitas por traslado de residuos plásticos de envases y otros productos. De hecho, con ocasión de dicho proyecto, la Agencia de Protección Ambiental de Escocia puso de relieve que, a raíz de las políticas y controles adoptados por China para limitar sus importaciones de residuos plásticos, es posible estimar un aumento del crimen organizado en torno al traslado de dichos residuos y de sus daños ambientales asociados, sobre todo si se toma en cuenta que las tendencias proyectadas

---

64 Al respecto, vid. UN CC: e-Learn (2022). Los desechos plásticos y el Convenio de Basilea «¿Cómo podemos combatir el tráfico ilícito de desechos plásticos?», pp. 3 y 4.

65 En este sentido, vid. Rucevska I. *et al.* (2015). *Waste Crime – Waste Risks: Gaps in Meeting the Global Waste Challenge. A UNEP Rapid Response Assessment*, Programa de las Naciones Unidas para el Medio Ambiente y GRIDArendal, Nairobi y Arendal, p. 41.

66 Sobre las tendencias y datos relativos a exportaciones e importaciones de residuos plásticos en China, vid. Brooks, A. L. *et al.* (2018). «The Chinese import ban and its impact on global plastic waste trade», *Science Advances*, 4 (6), p. 2.

67 Al respecto, vid. PNUMA (2019). *East Asia Customs propose a regional operation to target illicit transboundary movement of waste*.

hasta 2030 apuntan a una recolocación (reemplazo) de aproximadamente 111 millones de toneladas de residuos de plástico en otros países alternativos[68].

4.2 Intervención y control sobre los traslados ilegales de residuos de envases de plástico: régimen aplicable

De acuerdo con las previsiones del mismo art. 9 del Convenio de Basilea, los movimientos trasfronterizos de residuos considerados «tráfico ilícito», a partir de los requisitos previamente revisados, traen consigo las siguientes consecuencias principales, en función del sujeto responsable en cada caso:

i. Exportador/ generador: devolución de los desechos al Estado de exportación o, «si esto no fuese posible», eliminación de otro modo de conformidad con las disposiciones del Convenio de Basilea, dentro del plazo de treinta días desde el momento en que el Estado de exportación haya sido informado del tráfico ilícito, o, en su caso, dentro de cualquier otro periodo que convengan los Estados interesados (art. 9.2). No se permite ninguna oposición, obstáculo o impedimento a la devolución al Estado de exportación de los desechos afectados por tráfico ilícito, a fin de asegurar el cumplimiento de las medidas previstas por el Convenio de Basilea, por lo que la aludida «imposibilidad» a aquella devolución debe producirse por auténticas razones técnicas o materiales.

ii. Importador/ eliminador: eliminación de los desechos de manera ambientalmente racional dentro del plazo de treinta días desde el momento en que el Estado de importación haya tenido conocimiento del tráfico ilícito, o, en su caso, dentro de cualquier otro periodo que convengan los Estados interesados (art. 9.3). De nuevo, como medida para garantizar la aplicación de las medidas previstas por el Convenio de Basilea, se establece que sus Estados parte cooperen, según sea necesario, para la eliminación de los desechos en forma ambientalmente racional.

iii. Otros sujetos distintos del exportador/ generador/ importador /eliminador: cooperación entre los Estados parte interesados u otros Estados parte en el Convenio de Basilea, según proceda, para garantizar que los desechos de que se trate se eliminen cuanto antes de forma ambientalmente racional en el Estado de exportación, en el Estado de importación o en cualquier otro lugar que resulte conveniente (art. 9.4).

---

68   Sobre este particular, vid. SEPA. (2019). *Smarter Regulation of Waste in Europe (LIFE13 ENV-UK-000549) LIFE SMART Waste Project*, p. 17.

Adicionalmente a lo anterior, la regulación del tráfico ilícito de residuos en el Convenio de Basilea se cierra con el mandato a sus Estados parte de «promulgar las disposiciones legislativas nacionales adecuadas para prevenir y castigar el tráfico ilícito», y de cooperar para alcanzar los objetivos de dicha convención en la lucha frente al tráfico ilegal.

Efectivamente, en último término, el éxito del modelo de intervención y control del Convenio de Basilea sobre traslados ilegales de residuos depende de las medidas adoptadas a nivel nacional (y regional), empezando por la designación de la «autoridad competente» encargada de recibir y responder a las notificaciones sobre movimientos transfronterizos de desechos peligrosos y de otro tipo, y finalizando con la tipificación de delitos penales por conductas de tráfico ilícito de residuos. En este sentido, el art. 4.3 del Convenio de Basilea se encarga de establecer (en realidad, predeterminar) que dicho tráfico ilícito de residuos tenga la consideración de «delito» por todos sus Estados parte, incluyendo, por tanto, la UE y España.

Sobre la implementación por cada Estado parte del Convenio de Basilea de las medidas necesarias para prevenir y luchar frente al tráfico ilícito, y, en particular, para asegurar la eficacia de las consecuencias previstas por el art. 9 de aquella convención, ya expuestas, el Comité de Aplicación y Cumplimiento del Convenio de Basilea puso a disposición de los Estados parte, a partir igualmente de sus observaciones y opiniones, orientaciones sobre la aplicación del Convenio de Basilea en lo relativo al tráfico ilegal (párrafos 2, 3 y 4 del art. 9). En su versión final aprobada[69], dichas orientaciones clarifican conceptos y ayudan a determinar la existencia de conductas de tráfico ilegal de residuos y sus responsables, a efectos de aplicar las disposiciones del Convenio de Basilea, e incluso regulan cuestiones conexas como la compensación por daños o la financiación de emergencia.

4.3 Cooperación, colaboración y fiscalización

En relación con la cooperación y colaboración interinstitucional, tanto a nivel nacional como internacional, se trata de uno de los aspectos de mayor calado para la prevención y lucha contra el tráfico ilegal de residuos plásticos, lo que involucra a múltiples organismos de control (v. gr., en puertos, fronteras). En este sentido, la debida cooperación entre autoridades competentes puede establecerse por ley —cada Estado parte en el Convenio de Basilea decide sobre su propia colaboración interinstitucional— o mediante «Memorandos de Entendimiento», dirigidos a regular, entre otros aspectos, los objetivos de cada autoridad, organismo o institución en relación con los controles sobre traslados de residuos y sus respectivas competencias y obligaciones legales.

69   Al respecto, vid. CONVENIO DE BASILEA (2019). *Guidance on the implementation of the Basel Convention provisions dealing with illegal traffic* (paragraphs 2, 3 and 4 of Article 9) (UNEP/CHW.13/9).

Unido a lo anterior, sin duda, la respuesta en la práctica de las autoridades competentes ante supuestos de tráfico ilegal de residuos depende de las competencias y atribuciones conferidas por la legislación aplicable[70], por un lado, y de los recursos disponibles, por otro. Así, aunque dichas autoridades se encuentren habilitadas para revisar documentos y abrir e inspeccionar físicamente vehículos y contenedores, en ocasiones, carecen de la potestad para adoptar medidas administrativas y penales de investigación y aplicación, incluyendo la toma de muestras o pruebas adicionales, o de los medios materiales o personales necesarios al efecto. Existen algunos manuales de capacitación y otras guías y notas puestas a disposición por la organización del Convenio de Basilea y restantes organismos que ayudan a los servicios de aduanas y otras autoridades en sus funciones de detección y respuesta al tráfico ilícito de residuos, y, señaladamente, de aquellos de envases de plástico[71].

Algunos aspectos clave a tener en cuenta cuando un agente o autoridad se enfrenta al tráfico ilegal de residuos son los siguientes, conforme a aquellos manuales y guías: (i) interceptar y trasladar a zonas seguras para detención e inspección cualquier cargamento sospechoso; (ii) recolectar datos mediante la revisión de documentación, la entrevista con personas involucradas y la inspección de vehículos y cargamentos; y (iii) cooperar y mantener informadas a las distintas autoridades competentes de los países de exportación e importación, y tránsito si procede, durante todo el proceso de investigación. Los informes escritos de resultados con descripción de la investigación efectuada y sus conclusiones, los documentos que contengan pruebas (*v. gr.*, documentos de circulación y notificación, embarque, datos de exportación e importación), las declaraciones de personas involucradas y testigos, y las fotografías y vídeos son datos que se deben recolectar y comunicar, y su función para cualquier proceso legal o jurisdiccional posterior resulta fundamental.

De todos modos, la detección a tiempo y persecución del tráfico ilegal de residuos de envases de plástico, por sus particularidades ya apuntadas, depende en buena medida de la colaboración sostenida por parte de las distintas autoridades y organismos, a partir de acuerdos y canales específicos de cooperación. Como ejemplo ilustrativo de instrumento o mecanismo de cooperación, cabe referirse a los Grupos Operativos Nacionales de Seguridad Medioambiental (NEST) que agrupan a los cuerpos de seguridad, aduanas, fiscales y otros miembros para combatir los delitos contra el medio

---

70   Así, por ejemplo, en el caso de España, la Ley Orgánica 2/1986, de 13 de marzo, de Fuerzas y Cuerpos de Seguridad atribuye a la Guardia Civil —concretamente, a través del Servicio de Protección de la Naturaleza (SEPRONA)— y a los Cuerpos de Policía de las comunidades autónomas (de forma «simultánea e indiferenciada») la función de «velar por el cumplimiento de las disposiciones que tiendan a la conservación de la naturaleza y medio ambiente, de los recursos hidráulicos, así como de la riqueza cinegética, piscícola, forestal y de cualquier otra índole relacionada con la naturaleza», con las condiciones y restricciones impuestas por la propia norma y su desarrollo reglamentario.

71   Entre otros, vid. PNUMA (2013). *Manual de Capacitación sobre el Tráfico Ilícito para los servicios de aduanas y organismos encargados de hacer cumplir la ley*, pp. 25.

ambiente a nivel transaccional, como sucede habitualmente con el traslado ilícito de residuos de envases de plástico[72].

Aun así, la falta o insuficiencia de recursos —sobre todo, humanos y económicos—, junto con la inadecuación de las sanciones o penas aplicables, por resultar demasiado limitadas, complejas o difíciles de administrar, terminan por convertirse, en la práctica, en factores de oportunidad para el crimen organizado en sus actividades de tráfico ilegal de residuos de envases de plástico[73].

4.4 Prevención y castigo: tipificación penal

Por último, sobre la relevancia penal del tráfico ilegal de residuos de envases de plástico, cabe señalar que, a raíz de la Enmienda para Plásticos y al incorporar algunos desechos de plástico y sus mezclas como desechos peligrosos y otros como desechos sometidos a una «consideración especial», dicha conducta se configura como delictiva por el Convenio de Basilea (art. 4.3).

Aunque el Reglamento sobre Traslados se limita a encomendarse a los Estados miembros de la UE para que determinen «las normas relativas a las sanciones que deberán imponerse en caso de violación de las disposiciones del presente Reglamento», las cuales deben ser «efectivas, proporcionadas y disuasorias» sin especificar su naturaleza penal o administrativa, la Directiva 2008/99/CE del Parlamento Europeo y del Consejo, de 19 de diciembre, relativa a la protección del medio ambiente mediante el Derecho Penal (la Directiva 2008/99), introdujo finalmente a nivel regional de la UE las siguientes dos (2) conductas constitutivas de delito en relación con el traslado ilegal de residuos:

i. «La recogida, el transporte, la valoración o la eliminación de residuos, incluida la vigilancia de estos procedimientos, así como la posterior reparación de instalaciones de eliminación, e incluidas las operaciones efectuadas por los comerciantes o intermediarios (aprovechamiento de residuos), que causen o puedan causar la muerte o lesiones graves a personas o daños sustanciales a la calidad del aire, la calidad del suelo o la calidad de las aguas o a animales o plantas»

ii. «El traslado de residuos, cuando dicha actividad esté incluida en el ámbito de aplicación del artículo 2, apartado 35, del Reglamento (CE) no 1013/2006 del Parlamento Europeo y del Consejo, de 14 de junio de 2006, relativo a los traslados de residuos y se realice en cantidad no desde-

---

72 Sobre la composición y funciones de los Grupos Operativos Nacionales de Seguridad Medioambiental (NEST), vid. INTERPOL (2013). *National Environmental Security Task Force (NEST)*, pp. 2.

73 En este sentido, vid. RUCEVSKA I. *et al.* (2015). *Waste Crime – Waste Risks: Gaps in Meeting the Global Waste Challenge. A UNEP Rapid Response Assessment*, Programa de las Naciones Unidas para el Medio Ambiente y GRID-Arendal, Nairobi y Arendal, p. 8.

ñable, tanto si se ha efectuado en un único traslado como si se ha efectuado en varios traslados que parezcan vinculados».

A partir de la anterior configuración del ilícito penal por la Directiva 2008/99, cabe apreciar que no todo acto de tráfico ilegal de residuos de envases de plástico se tipifica como delito, sino solo aquel que cause daños de carácter sustancial (o pueda causarlos) a algunos elementos del medio ambiente o «la muerte o lesiones graves a personas» o lleve asociado una «cantidad no desdeñable» de residuos. Sobre esta última expresión, de todo punto vaga e indeterminada, se deja efectivamente al legislador nacional o, en su defecto, a la jurisprudencia de los tribunales su interpretación, fundamental por cuanto determina eventualmente la repuesta penal o no frente a la conducta ilícita de tráfico ilegal cometida[74].

Dejando al margen la dispar transposición de la Directiva 2008/99 por los distintos Estados miembros de la UE, con claras implicaciones sobre su efectividad preventiva y represiva[75], en España, el Código Penal (aprobado por Ley Orgánica 10/1995, de 23 de noviembre, del Código Penal, y reformado, a los efectos ahora concernidos, por Ley Orgánica 1/2015, de 30 de marzo) tipifica de forma específica los delitos de gestión ilegal de residuos y de traslado de residuos (arts. 326.1 y 326.2, respectivamente[76]).

Dado que no se especifica si el «transporte» de residuos incluye movimientos a través o hacia otros países, o si, por el contrario, se refiere solo a aquellos movimientos dentro del territorio nacional, existen a juicio de quien suscribe dificultades interpretativas, sobre todo en relación con el tipo del art. 326.2 del Código Penal, relativo al traslado ilícito de residuos en cantidad no desdeñable[77]. Al tratarse de una norma penal en blanco y remitirse, en particular, a la Ley 7/2022 —y, por supuesto, a cualquier otra

74 Al respecto, vid. DE LA MATA BARRANCO, N. J. *et al.* (2018). *Derecho penal económico y de la empresa*, Dykinson, p. 674.

75 En este sentido, vid. MARQUÈS BANQUÉ, M. (2018). «The Utopia of the Harmonization of Legal Frameworks to Fight against Transnational Organized Environmental Crime», *Sustainability*, 10(10), 3576, p. 6.

76 «1. Serán castigados con las penas previstas en el artículo anterior, en sus respectivos supuestos, quienes, contraviniendo las leyes u otras disposiciones de carácter general, recojan, transporten, valoricen, transformen, eliminen o aprovechen residuos, o no controlen o vigilen adecuadamente tales actividades, de modo que causen o puedan causar daños sustanciales a la calidad del aire, del suelo o de las aguas, o a animales o plantas, muerte o lesiones graves a personas, o puedan perjudicar gravemente el equilibrio de los sistemas naturales.
2. Quien, fuera del supuesto a que se refiere el apartado anterior, traslade una cantidad no desdeñable de residuos, tanto en el caso de uno como en el de varios traslados que aparezcan vinculados, en alguno de los supuestos a que se refiere el Derecho de la Unión Europea relativo a los traslados de residuos, será castigado con una pena de tres meses a un año de prisión, o multa de seis a dieciocho meses e inhabilitación especial para profesión u oficio por tiempo de tres meses a un año».

77 Expresión, al margen de lo ya apuntado, más imprecisa incluso que el término empleado con anterioridad por el art. 328.4 del Código Penal, al aludir a una cantidad importante de residuos (al respecto, vid. MUÑOZ CONDE, F. *et al.* (2015). *Manual de Derecho Penal Medioambiental*, Tirant lo Blanch, p. 265), y sobre el que la jurisprudencia española aún no consta que se haya pronunciado definitivamente, al margen del aislado Auto de la Audiencia Provincial de Vitoria-Gasteiz 209/2022, de 26 de abril (ECLI:ES: APVI:2022:411A). Este se limita, precisamente, a referir que «se trata [el art. 326.2 del Código Penal] de un precepto inespecífico que necesitará de la Jurisprudencia para su interpretación y desarrollo».

norma, nacional o de Derecho internacional o europeo, de aplicación—, cabe entender que el tipo penal del art. 326.1 del Código Penal incluye en su ámbito de aplicación el «transporte transfronterizo» de residuos y aquellos de envases de plástico, al encontrarse específicamente regulado por la legislación sobre residuos.

Al margen de lo anterior, y dada la naturaleza o condición de los residuos como auténticas mercancías (susceptibles de comercio) conforme a la propia jurisprudencia del TJUE, es preciso atender también a la legislación vigente sobre represión del contrabando. En España, la Ley Orgánica 12/1995, de 12 de diciembre, de Represión del Contrabando tipifica como delito de contrabando, en particular, aquellas conductas consistentes en importar o exportar mercancías sin cumplir con los requisitos legales para su comercio (o traslado), careciendo de (o falseando) los permisos o autorizaciones necesarios al efecto, o eludiendo (o evadiendo) los controles aduaneros correspondientes.

5. Traslados de residuos de envases de plástico dentro de la UE: procedimientos y control en origen y destino

5.1 Contexto: diferencias a nivel interno y entre Estados miembros de la UE en el grado de capacidad y cumplimiento de los objetivos de valorización de residuos de envases de plástico

Se parte de la elevada producción de plásticos, a nivel mundial y, particularmente, regional de la UE, en cuanto que material fundamental en la economía moderna con la consiguiente generación de residuos. Dentro de la UE, la mayoría de residuos plásticos, cuya principal proporción (en torno al 61%) viene representada por residuos de envases, se destinaba tradicionalmente a su eliminación mediante depósito en vertederos u operaciones de incineración con recuperación energética[78].

Con la Estrategia sobre Plástico, la UE persigue implementar, en el ámbito propio de los plásticos y sus residuos, el modelo de «economía circular», mediante, entre otras medidas, y muy significativamente, el (eco)diseño de los envases, para que sean reutilizables o reciclables de forma rentable y segura (en su totalidad, dentro del horizonte 2030).

A fin de cumplir con los objetivos marcados por la UE e invertir la realidad de la gestión de los residuos de envases de plástico en favor de la fundamental jerarquía de residuos, por cuya virtud su valorización mediante preparación para reutilización y reciclaje prevalece sobre su eliminación o, incluso, valorización energética es funda-

---

78 Al respecto, vid. PLASTICS EUROPE (2019). «An analysis of European plastics production, demand and waste data». *Plastics – the Facts*, p. 42.

mental contar con instalaciones y medios adecuados al efecto, tomando igualmente en cuenta los principios de proximidad y suficiencia, ya revisados previamente.

Pues bien, efectivamente, los distintos Estados miembros de la UE disponen de una infraestructura de gestión igualmente distinta, a fin de asegurar la valorización y reciclaje, en concreto, de los residuos de envases de plástico.

En la actualidad, la UE financia infraestructuras de gestión de residuos para su recogida, clasificación y tratamiento, principalmente, a través de su política de cohesión[79] y medio ambiente (*v. gr.*, Programa LIFE). El programa Horizonte 2020 supuso la financiación de proyectos de investigación relacionados con el plástico mediante contribuciones por valor de, aproximadamente, 84.000.000,00 €[80], muy centrados en los niveles superiores de la jerarquía de residuos, incluyendo diseños optimizados y métodos actualizados de reciclado.

Sentado lo anterior, conforme con la Directiva Marco sobre Residuos, los Estados miembros de la UE se encuentran obligados a comunicar, anualmente, los datos relativos a las tasas de reutilización y reciclado, en particular, de los residuos de envases de plástico, como porcentajes respecto del total de dichos envases comercializados. Sin embargo, y aunque tales obligaciones de información se cumplan en la práctica, las autoridades europeas advierten de la distinta metodología empleada por cada Estado miembro de la UE, incluso en lo relativo al punto de medición de las cantidades de plástico luego declaradas como recicladas[81]. Todo ello, unido a las estimaciones imprecisas de envases de plástico comercializados —por falta de incentivos o cualquier otro motivo—, resulta en grandes discrepancias y márgenes de error en la comunicación de datos de los Estados miembros de la UE sobre el cumplimiento de los objetivos marcados por el legislador europeo y de las ambiciones de la «economía circular».

Según datos de 2017, la media de reciclado de residuos de envases de plástico de la UE se situaba en el 41,9 %, aproximadamente, con diferencias muy significativas entre sus Estados miembros —desde Malta con 23,5 % (aprox.) a Lituania con 74,2 % (aprox.)—. Si ya tales datos no eran especialmente satisfactorios, en el marco normativo y social de referencia, algunos informes revelan que las cifras sobre reciclado de residuos de envases de plástico pueden verse alterados, a la baja, como resultado de las mayores exigencias derivadas de las últimas reformas de la Directiva sobre Envases, al unificar criterios sobre mediciones y establecer otros requisitos adicionales,[82] y aumentar la brecha entre tasas (actuales) de reciclado de dichos residuos y objetivos «2025/2030».

---

79 Esta política de cohesión incluye medidas para tratamiento de residuos domésticos y otros residuos.

80 Al respecto, vid. Tribunal de Cuentas Europeo (2020). «Análisis 04: Medidas de la UE para abordar el problema de los residuos plásticos», p. 36.

81 En este sentido, vid. Eunomia (2017). *Final Report* «Study on waste statistics - a comprehensive review of gaps and weaknesses and key priority areas for improvement in the EU waste statistics», pp. 88-135.

82 Al respecto, vid. Plastics Europe (2019). «The Circular Economy for Plastics—A European Overview». *Technical Report*, p. 48.

A partir de lo anterior, y tal y como puso de manifiesto el Tribunal de Cuentas de la UE[83], fruto de la disparidad de capacidades y de métodos de cálculo sobre la cantidad de envases de residuos de plástico que se reciclan, «existe un riesgo considerable de que la UE no cumpla sus objetivos en materia de reciclado de envases de plástico para 2025 y 2030».

Sin embargo, España, en particular, «se encuentra bien encaminada para cumplir con el objetivo de la UE de reciclar todos los residuos de envases para 2025», según datos de la Comisión Europea en su último informe de alerta temprana[84], a diferencia de lo que sucede con los objetivos de preparación para reutilización y reciclado —y reducción de vertido—, en general, de residuos municipales para 2025 (y 2035). Al respecto, según informa esa misma Comisión Europea, la tasa de reciclado en España de residuos de envases se situaba en 68 %, aproximadamente, en 2020, lo que implicaba ya —por lo menos en apariencia— cumplir con el objetivo del 65 % para 2025[85]. Ello sin perjuicio de los mayores avances que, teniendo en cuenta los cambios regulatorios —sobre todo desde la aprobación del RD 1055/2022— e inversiones y acciones planeadas, puedan lograrse en sede, de preparación para la reutilización de residuos de envases de plástico.

5.2 Procedimientos aplicables: traslados de residuos de envases de plástico dentro del territorio nacional de España

En España, según anticipamos, el art. 31 de la Ley 7/2022 recoge el régimen aplicable a los traslados de residuos en el interior del territorio del Estado, partiendo de su concepto como «transporte de residuos para su valorización o eliminación». Se trata, así pues, de traslados circunscritos al ámbito territorial de España, ya sea entre comunidades autónomas o dentro de una sola comunidad autónoma, siempre que se destinen a operaciones de valorización o eliminación.

Aunque pudiera parecer que tal definición limita el alcance del régimen aplicable a dichos traslados de residuos dentro del territorio nacional, lo cierto es que, siguiendo los conceptos de valorización y eliminación plasmados en la Ley 7/2022 (a partir de la Directiva Marco sobre Residuos), quedarían comprendidas totas las posibles operaciones de tratamiento de residuos en destino[86].

---

83 En este sentido, vid. Tribunal de Cuentas Europeo (2020). «Análisis 04: Medidas de la UE para abordar el problema de los residuos plásticos», pp. 52 y 53.
84 Al respecto, vid. Comisión Europea (2023). «España "Objetivos de reciclado de la UE para 2025" Estado de la cuestión», p. 1.
85 Ibidem, p. 1.
86 En este sentido, si el concepto de «valorización» se define como «cualquier operación cuyo resultado principal sea que el residuo sirva a una finalidad útil al sustituir a otros materiales, que de otro modo se habrían utilizado para cumplir una función particular o que el residuo sea preparado para cumplir esa función en la instalación o en la

De hecho, tal distinción en el destino de los residuos no es gratuita, y la Ley 7/2022, junto con su desarrollo reglamentario por medio del RD 553/2020, introduce diferencias en el régimen aplicable en función de la operación de destino (*i.e.*, eliminación o valorización), siguiendo igualmente la estela de la regulación europea sobre traslados de residuos. En cualquier caso, algunas actividades de transporte de residuos, como aquellas dirigidas a su acopio o clasificación, no quedan sometidas al régimen de los traslados intraestatales de residuos, precisamente por no destinarse a su eliminación o valorización[87], a diferencia de otras operaciones que presuponen aquel acopio o clasificación, como sucede con el reciclado.

Pues bien, efectivamente, dependiendo de la operación de destino, así como también de la tipología de residuo a transportar, se establece un doble régimen, general y especial:

i. Régimen general:

a. Documento de identificación: todo traslado de residuos debe ir necesariamente acompañado, en primer lugar y como elemento esencial, del documento de identificación desde su origen hasta su destino. Su contenido queda recogido en el Anexo III del RD 553/2020 e incluye fecha de inicio del traslado, tipología, código y cantidad de residuos transportados y empresa autorizada para su tratamiento, así como la aceptación de la entrega de dichos residuos[88]. En particular, corresponde al operador del traslado[89] cumplimentar el documento de identificación y entregar copia al transportista, que, a su vez, lo tiene que poner a disposición del gestor de la instalación de destino para su firma, haciendo constar fecha de entrega y cantidad recibida de residuos. Finalmente, dentro del plazo de treinta días posteriores a la entrega, el gestor de la instalación de destino debe remitir al operador del traslado el do-

---

economía en general», aquel otro de «eliminación» se expresa en términos negativos, como «cualquier operación que no sea la valorización» (art. 2 de la Ley 7/2022).

87 Sobre este particular se pronuncia, de hecho, la STS 1463/2021, de 13 de diciembre (ECLI:ES:TS:2021:4683), al excluir del ámbito propio de los «traslados de residuos» aquellas operaciones de transporte de «logística inversa» (*i.e.*, transporte de residuos desde hogares particulares hacia comercios o plataforma de distribución, o desde comercios hacia plataformas de distribución), afirmando que «el transporte de residuos contemplado en el artículo 1.3.b) del Real Decreto (de hogares o comercios a plataformas de distribución y de comercios a plataformas de distribución) es un traslado que no entra en la consideración de traslado de residuos contemplado por la Ley, pues ni los comercios, como es obvio, ni las plataformas de distribución, son instalaciones de tratamiento de residuos ni de almacenamiento en espera de tratamiento».

88 En la Sede Electrónica del Gobierno de España se encuentra publicado un modelo de documento de identificación. Disponible a través del enlace siguiente:
<https://www.miteco.gob.es/es/calidad-y-evaluacion-ambiental/temas/prevencion-y-gestion-residuos/traslados/Procedimiento-Traslado-residuos-interior-territorio-Estado.aspx>.

89 Por «operador del traslado» la propia Ley 7/2022 se encarga de aclarar dicho concepto, al remitir a la definición de «notificante» del Reglamento sobre Traslados (art. 2.15), según se examina en adelante.

cumento de identificación completo, con indicación de la aceptación o rechazo de los residuos en cuestión.

b. Contrato de tratamiento: junto con el documento de identificación, cualquier traslado de residuos debe igualmente acompañarse del contrato relativo a su tratamiento. Su contenido mínimo se establece en el art. 5 del RD 553/2020 e incluye, en particular, la identificación de las instalaciones de origen y destino del traslado, la identificación, cantidad y operaciones de tratamiento de los residuos transportados, así como sus condiciones de aceptación y obligaciones a cargo de las partes contratantes, sobre todo en lo relativo a la posibilidad de rechazo y devolución de los residuos. Se trata de un contrato de naturaleza privada, a suscribir por el operador del traslado y gestor de la instalación de destino antes de iniciarse el transporte de los residuos en cuestión, con el compromiso expreso de aquel gestor de llevar a cabo las oportunas operaciones de tratamiento[90].

i. Régimen especial:

a. Notificación previa y autorización del traslado: solo exigible en determinados supuestos de traslados, atendiendo a la clase de residuos transportados y a su tratamiento en destino. En particular, los siguientes: (i) traslados de residuos con destino a su eliminación (con independencia del tipo, peligroso o no, de residuos) y (ii) traslados de residuos peligrosos, domésticos mezclados identificados con código LER 20 03 01 y cualesquiera otros determinados reglamentariamente, con destino a su valorización. No se trata ahora de simples documentos de seguimiento y control de los traslados de residuos, sino de auténticos instrumentos de intervención que confieren a las autoridades competentes la posibilidad de oponerse a aquellos traslados, como se examina en adelante.

En todo caso, el procedimiento aplicable no plantea demasiadas dificultades. Corresponde al operador del traslado presentar, con una antelación mínima de diez días respecto de su fecha prevista de inicio, una notificación previa ante el órgano competente de la comunidad autónoma de origen, cuyo contenido se detalla en el Anexo II del RD 553/2020, que, al mismo tiempo —y una vez validada dicha notificación—, se encarga de remitirla (vía «eSIR») al órgano de la comunidad autónoma de destino, entregando esta última acuse de recepción al operador del

---

90 Vid. Trias Prats, B. (2022). «Traslado de Residuos (arts. 31 y 32)», *Revista Aragonesa de Administración Pública (Monografías)*, p. 331.

traslado. A partir de este momento, dentro del plazo de diez días naturales desde la fecha de acuse de recibo —en caso de traslados urgentes motivados por razones de fuerza mayor, accidentes u otras situaciones de emergencia, el plazo es de dos días—, los órganos competentes de las comunidades autónomas de origen y de destino pueden oponerse al traslado en cuestión y comunicar, sucesivamente, tal decisión siempre motivada a la Comisión de Coordinación en Materia de Residuos. En caso de falta de oposición, dicho traslado debe entenderse como autorizado y puede llevarse a cabo solo entonces[91]. Sobre los motivos tasados, de oposición, se trata de los siguientes, en función de su destino a operaciones de eliminación o de valorización (art. 9 RD 553/2020):

i.   Eliminación: (i) cuando el traslado o la operación de eliminación no se ajuste a la normativa vigente en materia de protección del medio ambiente, de orden público, de seguridad pública o de protección de la salud; (ii) cuando el traslado o la operación de eliminación no se ajuste a lo dispuesto por la vigente Ley 7/2022, especialmente en lo relativo al principio de autosuficiencia y proximidad, y a los planes y programas de gestión de residuos, teniendo en cuenta las circunstancias geográficas o la necesidad de contar con instalaciones especializadas para determinados tipos de residuos. En particular, porque «la instalación de la red integrada estatal de instalaciones de eliminación […] no sea la más próxima al lugar donde se generó el residuo», «el residuo deba eliminarse en una instalación especializada, y que en esa instalación tengan que eliminarse residuos procedentes de un origen más cercano y a los que la Administración competente haya dado prioridad» o «los traslados, en caso de producirse, no se ajusten a los planes de gestión de residuos»; (iii) cuando los residuos sean tratados en instalaciones que, aun estando habilitadas legalmente, no aplican técnicas que garantizan el mismo nivel de emisiones que las mejores técnicas disponibles (MTD), conforme a la legislación sobre prevención y control integrados de

---

91   Ciertamente, a juicio de quien suscribe, no deja de sorprender tal posibilidad de autorización «tácita» del traslado de residuos de que se trate por simple transcurso del plazo de oposición (al margen, claro, de su eventual suspensión, en supuestos de solicitud de información o documentación complementaria o de subsanación de errores), por cuanto la falta de dicha oposición no implica necesariamente que no concurra ninguno de los motivos legalmente previstos al efecto, como seguidamente se verifica. Siendo así, y teniendo sobre todo en cuenta las consecuencias (y costes) asociadas a la ilegalidad o irregularidad del traslado, cabría entender que se exigiese un pronunciamiento expreso de las autoridades competentes sobre la ausencia de motivos de oposición y, así, sobre la posibilidad de llevar a cabo aquel traslado, para mayor seguridad y economía del procedimiento.

la contaminación[92]; o (iv) cuando se trate de residuos domésticos mezclados procedentes de hogares (código LER 20 03 01)[93].

ii. Valorización: (i) cuando el traslado o la operación de valorización no se ajuste a lo dispuesto por la vigente Ley 7/2022, en lo relativo a la protección de la salud humana y el medio ambiente, a la jerarquía de residuos, a los planes y programas de gestión de residuos, y a la autorización de operaciones de valorización de residuos; (ii) cuando el traslado o la operación de valorización no se ajuste a las disposiciones legales y reglamentarias nacionales en materia de protección del medio ambiente, orden público, seguridad pública o protección de la salud; (iii) cuando los residuos no sean tratados de acuerdo con los correspondientes planes de gestión, a fin de garantizar el cumplimiento de los objetivos establecidos en materia de valorización o reciclado en la legislación comunitaria y nacional; o (iv) en caso de residuos municipales destinados a instalaciones de incineración clasificadas como valorización, cuando los traslados, en caso de producirse, tengan como consecuencia que los residuos de la comunidad autónoma de destino tuvieran que ser eliminados o tratados de manera que no sea compatible con sus planes de gestión de residuos.

Sobre las notificaciones previas, y aunque por principio se refieren a traslados concretos, se admiten notificaciones generales por plazo máximo limitado a tres años.

A su vez, no solo cabe la posibilidad, en el marco del régimen especial de notificación y autorización previa, de que órganos competentes de las comunidades autónomas afectadas se opongan a los traslados, sino también de que suspendan o revoquen las notificaciones (autorizaciones) sobre traslados. Todo ello siempre que concurra alguna de las siguientes circunstancias previstas legalmente y se notifique luego tal decisión al operador del traslado, al destinatario del traslado y a la autoridad competente de la otra comunidad autónoma afectada[94]:

---

92 Señaladamente, Real Decreto Legislativo 1/2016, de 16 de diciembre, por el que se aprueba el texto refundido de la Ley de prevención y control integrados de la contaminación.

93 Estos residuos quedan sometidos, conforme con el Reglamento sobre Traslados, a las mismas prescripciones aplicables a los traslados con fines de eliminación. Siendo así, y aunque la norma no lo aclara, la misma causa de oposición debe predicarse cuando aquellos residuos domésticos mezclados procedentes de hogares (código LER 20 03 01) se destinan a valorización.

94 Tal posibilidad debe entenderse con independencia de la previa oposición o no por parte de las autoridades competentes al correspondiente traslado de residuos. De modo que, incluso aunque dichas autoridades no hubiesen formulado ninguna oposición, aún cabría dejar sin efecto aquel traslado —provisionalmente (suspensión) o definitivamente (revocación)—. Este, en caso de plantearse a tiempo, serviría para conjurar algunos de los riesgos ya aludidos previamente en relación con la autorización «tácita» del respectivo traslado por mero transcurso del plazo de oposición.

i. «La identificación o la composición de los residuos no se corresponde con la notificada»;

ii. «No se procede a la valorización o la eliminación de los residuos, de conformidad con la autorización de la instalación que realice dicha operación»;

iii. «Los residuos van a ser trasladados, valorizados o eliminados, o ya se han trasladado, valorizado o eliminado de manera que no se corresponde con la información contenida en los documentos de notificación previa y de identificación»; o

iv. «No se ha justificado adecuadamente las razones de fuerza mayor, accidente u otras situaciones de emergencia en el caso de los traslados urgentes».

Según se verifica, las reglas aplicables a los traslados de residuos de envases de plástico destinados a su eliminación resultan más estrictas, por razones evidentes asociadas a la misma jerarquía de residuos, con relación a aquellas relativas al transporte de residuos con destino a su valorización, tanto respecto de los controles aplicables como de la posibilidad y causas de oposición al traslado.

Aplicando las reglas sobre traslados intraestatales de los residuos de envases de plástico, es preciso atender, muy significativamente, a su clasificación como residuos peligrosos o no, tras la Enmienda para Plásticos y su impacto en la legislación europea y nacional aplicable.

Por sus implicaciones en la práctica, merecen especial atención aquellos supuestos de rechazo de residuos por parte del gestor de la instalación de destino, dado que la norma no contempla ninguna regulación de detalle. Por el contrario, el RD 553/2020 se limita a aludir, de forma incompleta, a las siguientes dos soluciones, a modo de alternativas a disposición del operador del traslado: (i) «devolución del residuo al lugar de origen acompañado del documento de identificación con la indicación de la devolución del residuo» y (ii) «envío de los residuos a otra instalación de tratamiento», en cuyo caso «este traslado deberá ir acompañado de un nuevo documento de identificación», siendo «el operador de este nuevo traslado […] el operador del traslado inicial». Solo en caso de traslados de residuos sujetos al régimen especial de notificación previa y autorización, se añade la obligación a cargo de su operador, respectivamente en función de la alternativa escogida, de confirmar electrónicamente (vía «eSIR») a las comunidades autónomas de origen y destino la recepción (en origen) del residuo rechazado, o presentar a la comunidad autónoma donde se encuentre el residuo una nueva notificación correspondiente al nuevo traslado.

Una vez establecido lo anterior, y aunque el esquema ofrecido resulta aplicable a los distintos traslados de residuos aplicables dentro del territorio nacional de España, interesa apuntar algunas particularidades de los traslados realizados dentro, exclusivamente, de una única comunidad autónoma. Esta posibilidad la contempla ahora el art. 31 de la Ley 7/2022, a diferencia de su antecedente normativo inmediato (a saber, Ley 22/2011, de 28 de julio, de residuos y suelos contaminados, cuyo art. 25 limitaba los traslados dentro del territorio del Estado a aquellos «transportes de residuos desde una Comunidad Autónoma a otra»). En particular, las distintas comunidades autónomas pueden decidir regular y aplicar su propio régimen de vigilancia y control respecto de aquellos traslados de residuos que se lleven a cabo dentro de su propio territorio, exclusivamente, siempre que informen a la Comisión de Coordinación en Materia de Residuos del régimen de vigilancia y control que establezcan en su territorio, y tengan en cuenta el doble régimen fijado por el Reglamento sobre Traslados y la misma Ley 7/2022. Esto es el principio de diferencia de trato según destino, el cual debe guardar coherencia [95] con el documento de identificación y a la notificación previa, así como al contrato de tratamiento de residuos.

De este modo, en la normativa que aprueben las respectivas comunidades autónomas sobre traslados de residuos intracomunitarios también se diferenciará entre un régimen general y otro especial —más estricto o riguroso—, para transportes de residuos destinados a su eliminación o a valorización, en determinados supuestos de residuos domésticos mezclados procedentes de hogares o, en su caso, peligrosos, como sucede con determinados residuos de envases de plástico.

Unido a lo anterior, cuando los traslados de residuos se llevan a cabo, únicamente, dentro de una comunidad autónoma para su tratamiento, ninguna duda cabe de que dichos residuos computan en dicha comunidad autónoma a efectos del cumplimiento de los objetivos establecidos en su respectivo plan regional de gestión. En cambio, en supuestos de traslados entre comunidades autónomas, tal cómputo se produce a favor de la comunidad autónoma de origen del traslado (ex art. 31.9 de la Ley 7/2022).

Por lo demás, una vez revisado el régimen aplicable a los traslados de residuos intraestatales, y particularmente de aquellos de envases de plástico, no deja de llamar la atención que, aun pese a la referencia expresa del art. 31.1 *in fine* de la Ley 7/2022 a la necesidad de efectuar cualquier traslado «teniendo en cuenta los principios de autosuficiencia y proximidad», la norma no aproveche ni haga uso de tales principios, siquiera al tiempo de limitar los traslados de residuos o someterlos al régimen especial, a partir de la infraestructura de gestión disponible en cada comunidad autónoma[96].

95 En este sentido, vid. Trias Prats, B. (2022). «Traslado de Residuos (arts. 31 y 32)», *Revista Aragonesa de Administración Pública (Monografías)*, p. 339.

96 *Ibidem*, pp. 337 y 338. Ciertamente, por remisión al Reglamento sobre Traslados, y como ya expusimos, las autoridades competentes aún pueden oponerse a los traslados de residuos con destino a eliminación cuando no se ajusten a las prescripciones de aquellos principios de autosuficiencia y proximidad. Con todo, la falta de concreción de dicho motivo de oposición, unido a la ausencia del mismo motivo para traslados destinados a operaciones de valorización —siquiera con respecto de residuos domésticos mezclados, equiparados expresamente por el Reglamento sobre Traslados a aquellos con destino a eliminación—, así como de cualquier prohibición (general o parcial) de traslados de residuos con base en los reiterados principios de autosuficiencia y proximidad, lleva a considerar que la norma no aprovecha, en absoluto, su potencial. Todo lo contrario, pues puede darse incluso la situación en que, por simple transcurso del plazo de oposición a un determinado traslado de residuos con destino a su eliminación,

5.3 Procedimientos aplicables: traslados de residuos de envases de plástico entre Estados miembros de la UE

De forma similar a lo examinado respecto de los traslados de residuos dentro del territorio nacional de España, aunque con mayor profundidad, el Reglamento sobre Traslados, del que parte precisamente el art. 32 de la Ley 7/2022 y también el propio régimen fijado para aquellos traslados intraestatales, dispone una dualidad de regímenes, en función de la tipología de residuo y su operación de destino, para traslados de residuos entre Estados miembros de la UE (con o sin tránsito por terceros países):

  i. Régimen de notificación previa y autorización:

    a. Ámbito de aplicación:

       i. Traslados de residuos —todos, con independencia de su tipología— con destino a operaciones de eliminación. Luego, con independencia de su carácter o no peligroso, todos los traslados de residuos de envases de plástico con fines de eliminación se encuentran sujetos al régimen de notificación previa y autorización.

      ii. Traslados de los siguientes residuos con destino a operaciones de valorización: (i) residuos de la «Lista Ámbar» (Anexo IV del Reglamento sobre Traslados, que incluye, entre otros, aquellos residuos enumerados en los Anexos II y VIII del Convenio de Basilea); (ii) residuos de la «Lista Verde» que presenten alguna característica de peligrosidad (Anexo IVA del Reglamento sobre Traslados); (iii) residuos no clasificados en ninguna categoría específica de los Anexos III, IIIB, IV o IVA del Reglamento sobre Traslados; y (iv) mezclas de residuos no clasificadas en ninguna categoría específica de los Anexos III, IIIB, IV o IVA del Reglamento sobre Traslados, salvo si figuraran en su Anexo IIIA (sometidos, en cambio, al régimen de información general). Entre otros residuos, la «Lista Ámbar» incluye «residuos de materias plásticas, incluidas las mezclas de esos residuos, que contengan constituyentes del anexo I, o estén contaminados con ellos, en un grado tal que presenten una de las características del anexo III» y otros residuos de materias plásticas no cubiertos en ninguna categoría específica de la «Lista Verde» o de la «Lista Ámbar», y sus mezclas.

---

se autorice tácitamente dicho traslado en contra de los principios de autosuficiencia y proximidad, como dejamos apuntado previamente.

iii. Traslados de residuos municipales mezclados procedentes de hogares (código LER 20 03 01), con independencia de su operación de destino (eliminación o valorización).

b. Documentación:

i. Notificación previa. Comunicación dirigida a las autoridades competentes[97] que contiene —o debe contener—, en esencia, dos documentos distintos: (i) documento de notificación (Anexo IA del Reglamento sobre Traslados) y (ii) documento de movimiento (Anexo IB del Reglamento sobre Traslados). Ambos documentos incluyen una serie de datos relacionados con los distintos aspectos del traslado de residuos en cuestión, entre otros: (i) sujetos intervinientes (v. gr., notificante, destinatario, transportista); (ii) tipología y características de los residuos; (iii) trayecto; o (iv) instalaciones de tratamiento en destino.

ii. Contrato de traslado. A suscribir entre el notificante del traslado y su destinatario, con eficacia en el momento de la notificación y durante todo el traslado hasta que se expida certificado de conformidad, para contemplar las siguientes obligaciones: (i) por parte del notificante, de volver a hacerse cargo de los residuos en caso de que su valorización o eliminación no se hayan llevado a cabo de acuerdo con lo previsto o se hayan efectuado como traslado ilícito; (ii) por parte del destinatario, de valorizar o eliminar los residuos si se hubiesen efectuado como traslado ilícito; y (iii) por parte de la instalación, de entregar certificado de que los residuos han sido valorizados o eliminados de acuerdo con la notificación y con las condiciones que en ella se especifican y con los requisitos del Reglamento sobre Traslados. Adicionalmente, en supuestos de operaciones de valorización o eliminación intermedias, el aludido contrato debe incluir obligaciones adicionales: por un lado, por parte de la instalación de destino, debe incluir la entrega de certificados conforme que los residuos han sido valorizados o eliminados, de acuerdo con la notificación y con las condiciones que en ella se especifican y con los requisitos del Reglamento sobre Traslados; por otro lado, por parte del destinatario, si fuera pertinente, debe incluir la entrega de una notificación a la autoridad competente del país de expedición inicial.

---

97 En el caso de España, y como luego insistiremos, se trata de las mismas autoridades implicadas en traslados de residuos intraestatales, esto es, de las autoridades competentes en materia de residuos de las correspondientes comunidades autónomas, sin perjuicio de su obligación de dar cuenta luego al Ministerio de turno.

iii. Declaración responsable. En sustitución del contrato de traslado, solo en caso de que los residuos en cuestión se trasladen entre dos establecimientos bajo el control de la misma entidad jurídica, debiendo suscribirse por la entidad en cuestión, encargada de valorizar o eliminar los residuos notificados.

iv. Fianza o seguro equivalente. A constituir por el notificante u otra persona física o jurídica en su nombre, con eficacia en el momento de la notificación —o, a más tardar, y previo permiso de la autoridad competente, en el momento de inicio del traslado—, a fin de cubrir los siguientes costes asociados a la falta de traslado, valorización o eliminación de residuos conforme con lo previsto o a su carácter ilícito: (i) costes de transporte; (ii) costes de valorización o eliminación, con inclusión de «toda operación intermedia necesaria»; y (iii) costes de almacenamiento durante 90 días.

c. Procedimiento: corresponde al notificante, en el sentido dado por el art. 2.15 del Reglamento sobre Traslados, presentar la correspondiente notificación previa por escrito ante la autoridad competente de expedición, cubriendo todo el trayecto del traslado, que, a su vez, la remite a la autoridad competente de destino —y de tránsito, en su caso—, siempre que no decida rechazar aquella notificación por alguna de las circunstancias establecidas en el Reglamento sobre Traslados (arts. 11 y 12: se trata, en esencia, de los mismos motivos de oposición ya revisados con ocasión de los traslados de residuos «intraestatales», en función del tipo de operación de destino —eliminación o valorización—, por lo que interesa remitirse a lo previamente expuesto), dentro del plazo de tres días hábiles desde su recepción.

A falta de objeción, una vez recibida la notificación previa en cuestión por la autoridad competente de destino, esta emite entonces acuse de recibo a las autoridades de expedición y, en su caso, tránsito. Desde este momento, todas las autoridades competentes implicadas (*i.e.*, origen, destino y tránsito) disponen de un plazo de treinta días para adoptar, siempre de forma motivada y luego comunicada al notificante con copia a las restantes autoridades competentes, alguna de las siguientes decisiones:

i. Autorizar el traslado de residuos sin condiciones.

ii. Autorizar el traslado de residuos con condiciones.

iii. Formular objeciones (arts. 11 y 12 del Reglamento sobre Traslados).

Sobre su duración, las autorizaciones de traslado de residuos tienen una vigencia de un año, a contar desde la fecha de su emisión, o, en su caso, desde otra fecha posterior si así se establece en la notificación previa. Una vez concluido aquel traslado, la instalación de destino debe dejar constancia por escrito de la recepción de los residuos y, asimismo, una vez completadas las respectivas operaciones de eliminación o valorización de dichos residuos, la instalación a su cargo debe emitir el correspondiente certificado de tratamiento definitivo, para su incorporación en el documento de movimiento y remisión tanto al notificante como a las distintas autoridades competentes implicadas en el traslado de los residuos.

ii. Régimen de información general:

    a. Ámbito de aplicación:

        i. Traslados de los siguientes residuos con destino a operaciones de valorización, si su cantidad excede de 20 kg: (i) residuos de la «Lista Verde» (Anexos III y IIIB del Reglamento sobre Traslados) y (ii) mezclas, no clasificadas en ninguna categoría específica del Anexo III del Reglamento sobre Traslados, de dos o más residuos enumerados en dicho anexo, siempre que la composición de tales mezclas no perjudique su valorización y sean incluidas en el Anexo IIIA del Reglamento sobre Traslados.

        ii. Traslados de residuos expresamente destinados a análisis de laboratorio.

    b. Documentación:

        i. Documento de identificación. Dirigido a facilitar el seguimiento de los traslados de residuos, a partir del modelo contenido en el Anexo VII del Reglamento de Traslados, incluyendo, entre otros, los siguientes datos: (i) persona que organiza el traslado; (ii) destinatario del traslado; (iii) identificación y cantidad de residuos; (iv) fecha efectiva del traslado; (v) información sobre transportes; (vi) instalaciones de valorización; (vii) Estados afectados; (viii) acuse de recepción (entrega) de residuos.

        ii. Contrato de traslado. A suscribir entre la persona que organiza el traslado y su destinatario, con eficacia en el momento de iniciarse el traslado, para contemplar, por lo menos, como contenido mínimo indispensable, la obligación a cargo de la persona que organice el traslado o su destinatario (si la primera no puede concluir el traslado de los residuos o su valorización, por cualquier causa; v. gr., insolvencia), en caso de que el traslado de los residuos o su valorización no pueda llevarse a cabo de acuerdo con lo previsto o que se efectúe como traslado ilícito. suscribir entre la persona que organiza el traslado y su destinatario, con eficacia en el momento de iniciarse el traslado, para contemplar, por lo menos, como contenido mínimo indispensable, la obligación, a cargo de la persona que organice el traslado o su destinatario (si la primera no puede concluir el traslado de los residuos o su valorización, por cualquier causa; v. gr., insolvencia), en caso de que el traslado de los residuos o su valorización no pueda llevarse a cabo de acuerdo con lo previsto o que se efectúe como traslado ilícito, de (i) volver a hacerse cargo de los residuos o asegurar su valorización de un modo alternativo, y (ii) prever, si es preciso, su almacenamiento mientras tanto (i.e., provisional).

c. Procedimiento: corresponde a la persona «sujeta a la jurisdicción del país de expedición que organice el traslado» asegurarse de que los residuos van acompañados en todo momento del documento de identificación (Anexo VII del Reglamento sobre Traslados). Dicho documento debe firmarse antes del momento de inicio de su traslado y permitir su firma por la instalación de valorización (o laboratorio) y por el destinatario de los residuos en el momento de su entrega. En España, en particular, y dado que el legislador hizo uso de la prerrogativa establecida en el art. 18.3 del Reglamento sobre Traslados[98], resulta aplicable el siguiente procedimiento:

i. En caso de salidas de residuos, la persona que organiza el traslado debe remitir aquel documento de identificación a las autoridades competentes de la comunidad autónoma de origen para su sucesiva remisión al Ministerio de turno, con una antelación mínima de tres días naturales a la fecha de inicio del traslado.

ii. En caso de entradas, el destinatario del traslado debe remitir el reiterado documento de identificación a las autoridades competentes de la comunidad autónoma de destino para su sucesiva remisión al Ministerio de turno, dentro del plazo máximo de tres días naturales tras la recepción de los residuos.

---

98 Por su virtud: «A efectos de inspección, ejecución, planificación y estadística, los Estados miembros, de conformidad con el Derecho nacional, podrán exigir la información contemplada en el apartado 1 relativa a los traslados a que se refiere el presente artículo».

Tal y como se verifica de lo anterior, la regulación europea de los traslados transfronterizos se caracteriza —también cuando se trata de traslados fuera de la UE, como revisaremos en adelante— por el principio esencial de diferencia de trato según destino. Igualmente, este principio inspira la regulación de los traslados intraestatales, ya examinados, por exigencia del legislador europeo, al establecer que el régimen de vigilancia y control de los traslados de residuos dentro de la jurisdicción de cada Estado miembro de la UE tenga en cuenta «la necesidad de garantizar la coherencia con el régimen comunitario establecido por los títulos II y VII [del Reglamento sobre Traslados]».

Al respecto, la jurisprudencia del TJUE se pronuncia sobre el papel de las operaciones de eliminación y valorización de residuos, atendiendo a su misma jerarquía, para el desarrollo y avance de la política ambiental de la UE. Por todas, la STJCE de 25 de junio de 1998 (asunto «Dusseldorp BV y otros», C-203/96) refiere lo siguiente:

> [...] es preciso destacar que el trato desigual de los residuos destinados a la eliminación y los destinados a la valorización refleja la diferencia entre las funciones que cada uno de estos dos tipos de residuos está llamado a desempeñar en el desarrollo de la política medioambiental de la Comunidad. Por definición, únicamente los residuos destinados a la valorización pueden contribuir a la aplicación del principio de prioridad de la valorización, enunciado en el apartado 3 del artículo 4 del Reglamento. Fomentar la valorización en toda la Comunidad, en especial mediante la aparición de técnicas más eficaces, es la razón por la que el legislador comunitario previó que los residuos de este tipo debían poder circular libremente entre los Estados miembros para ser tratados, en la medida en que su transporte no supusiese un peligro para el medio ambiente. Por ello, estableció un procedimiento más flexible para el transporte transfronterizo de estos residuos, al que se oponen los principios de autosuficiencia y de proximidad.

Tal función esencial y prioritaria de las operaciones de valorización para las políticas y objetivos ambientales de la UE en materia de residuos explica que se releguen aquellas otras operaciones de eliminación, imponiendo condiciones más estrictas para su traslado transfronterizo.

Unido a lo anterior, otro rasgo propio de la legislación europea sobre traslados de residuos es el trato específico dado a los residuos municipales mezclados procedentes de hogares (código LER 20 03 01), al someterlos al régimen estricto de notificación previa y autorización con independencia de su operación de destino (eliminación o valorización). Se extiende, así, la aplicación de los principios de proximidad y autosuficiencia, muy significativamente, a dichos residuos, dadas sus características específicas: (i) se producen a nivel local y de forma cotidiana y asidua; y (ii) su tratamiento no requiere de instalaciones singularmente especializadas, de modo que tampoco precisa, por principio, de su traslado transfronterizo con fines de valorización (ni, por supuesto, eliminación)[99].

Sin ahondar en la idea ya expuesta para traslados «intraestatales» en España, también los traslados entre Estados miembros de la UE admiten notificaciones generales para diversos traslados y no específicamente para cada traslado), cuando se cumplan ciertas condiciones, y, señaladamente, en las situaciones que siguen: los residuos presenten características (físicas y químicas) similares; los residuos se trasladen al mismo destinatario y a la misma instalación de desino; y el itinerario de los traslados sea también el mismo, conforme a lo especificado en el documento de notificación.

Sobre la figura del notificante, de mayor interés en la práctica, el art. 2.15 del Reglamento sobre Traslados la define para integrar distintos sujetos que, en realidad, pueden incluso coincidir según el tipo y características del traslado de residuos. En supuestos de traslados dentro de la UE (*i.e.*, con origen en algún Estado miembro de la UE), se entiende por notificante cualquier persona física o jurídica «sujeta a la jurisdicción de tal Estado miembro que pretenda trasladar o hacer trasladar residuos y en quien recaiga la obligación de notificar», coincidiendo con alguna de las siguientes personas u órganos («elegida de acuerdo con el orden establecido», según indica el Reglamento sobre Traslados): (i) productor inicial; (ii) nuevo productor autorizado que realiza operaciones antes del traslado de residuos; (iii) recogedor autorizado que haya agrupado el traslado, a partir de acumular residuos del mismo tipo en pequeñas cantidades de procedencias distintas, siempre que dicho traslado se inicie a partir de un lugar notificado único; (iv) negociante registrado que haya sido autorizado por escrito por el productor inicial, nuevo productor o recogedor autorizado para actuar en su nombre como notificante; (v) agente registrado que haya sido autorizado por escrito por el productor inicial, nuevo productor o recogedor autorizado para actuar en su nombre como notificante; o (vi) poseedor, cuando todas las personas especificadas previamente, en su caso, sean desconocidas o insolventes.

En lo que respecta a las autoridades competentes sobre traslados de residuos dentro de la UE, en España, la Ley 7/2022 no concreta dichas autoridades, salvo para supuesto de entradas de residuos con destino a incineradoras clasificadas como valorización. No obstante, cabe entender, y así acontece en la práctica, que se trata de las mismas autoridades designadas para traslados de residuos intraestatales. Esto es, autoridades autonómicas competentes en materia de residuos, sin perjuicio de su deber de dar cuenta al Ministerio de turno, en los términos del art. 32 de la Ley 7/2022)[100].

Por último, y dado que los traslados de residuos, en general, no siempre se completan, bien porque no puedan llevarse a cabo (*v. gr.*, rechazo de residuos por

---

99 Al respecto, vid. TRIAS PRATS, B. (2022). «Traslado de Residuos (arts. 31 y 32)», *Revista Aragonesa de Administración Pública (Monografías)*, p. 321.

100 *Ibidem*, p. 323.

la instalación de destino), bien porque se trate de supuestos de traslados ilícitos, el Reglamento de Traslados contempla reglas específicas para la retirada de los residuos (arts. 22 a 25), a que se someten todos los traslados de residuos dentro de la UE, con independencia de su régimen aplicable (información general o notificación previa y autorización). Como regla general, si acontece alguna de las circunstancias aludidas, los residuos deben devolverse a su origen o a cualquier otra parte del país de expedición por el notificante —luego se destaca la relevancia de este concepto para el régimen de retiradas de residuos—, o, en su defecto, por la propia autoridad competente o por una persona física o jurídica en su nombre, dentro del plazo máximo de noventa días, salvo otra decisión de las autoridades competentes, y mediando, por principio, nueva notificación previa. En cambio, tal obligación de devolución no resulta aplicable cuando las autoridades competentes (origen, destino y tránsito) implicadas en las operaciones de eliminación o valorización estiman que los residuos en cuestión pueden valorizarse o eliminarse de forma alternativa —o, en todo caso, cuando se haya producido su mezcla irreversible — en el país de destino, o en cualquier otra parte, por el notificante, o en su defecto por la autoridad competente de expedición o por una persona física o jurídica en su nombre, mediando, por principio, simple solicitud motivada, en lugar de nueva notificación previa.

Muy significativamente, cuando se produzca algún incumplimiento de las obligaciones de retirada por parte de notificantes autorizados por el productor inicial, el nuevo productor o el recogedor autorizado de residuos (*i.e.*, negociantes o agentes registrados), entonces son estos sujetos «autorizantes», según corresponda, quienes se consideran notificantes a los efectos de las obligaciones de retirada, así como también de las implicaciones de los traslados ilícitos de residuos, en caso de producirse.

5.4 Inspección y control en origen y destino

Por supuesto, la fiscalización de los traslados de residuos depende de su ámbito y alcance territorial, y se debe distinguir, de nuevo, entre traslados intraestatales y traslados entre Estados miembros de la UE. En cualquier caso, según se desprende de los procedimientos y regímenes previamente estudiados, al partir del mismo Reglamento sobre Traslados, ambos supuestos de traslados (intraestatales y dentro de la UE) configuran técnicas de control basadas eminentemente en el intercambio y seguimiento documental de los residuos. Así es, las respectivas autoridades competentes, en vista de las notificaciones o, en su caso, de los documentos de identificación, verifican, sobre todo, su regularidad y formulan objeciones a fin de autorizar o rechazar los traslados de que se trate.

Al respecto, en el marco dela UE, el documento de movimiento recibe enorme trascendencia, al dejar constancia expresa de la fecha de inicio del traslado —dentro siempre del periodo de vigencia de la autorización emitida por las autoridades competentes— y de la participación de las distintas empresas u operadores intervinientes en dicho traslado, y su respectivo rol (*v.gr.*, transportistas, gestores), junto con el certificado de valorización o eliminación de los residuos por la instalación de destino. Este último debe ir acompañado del documento de movimiento para su remisión al notificante y a las autoridades competentes.

En lo que a las inspecciones físicas y otras medidas de control *in situ* se refiere[101], el Reglamento sobre Traslados se limita a remitirse a las medidas ejecutivas que adopten los distintos Estados miembros de la UE, incluyendo, entre otras, inspecciones de establecimientos, empresas, agentes y negociantes, así como inspecciones de traslados de residuos y de valorización o eliminación, conforme a lo dispuesto por el art. 34 de la Directiva Marco sobre Residuos.

A tal efecto, el Reglamento sobre Traslados exige a los distintos Estados miembros de la UE que, a más tardar en fecha 1 de enero de 2017, tengan establecidos uno o más planes de inspección para la totalidad de su territorio geográfico (a revisar cada tres años), basados en una evaluación de riesgos, que permita determinar el número mínimo de inspecciones exigidas e incluya, como apuntamos, controles físicos. Esta evaluación de riesgos debe incluir flujos de residuos y fuentes de traslados ilícitos específicos y, cuando proceda, datos recibidos por los servicios de información, tales como datos sobre investigaciones policiales y aduaneras y análisis de actividades delictivas. Como contenido mínimo de cada plan de inspección, el Reglamento sobre Traslados incorpora, al margen de sus objetivos y ámbito, las tareas asignadas a cada autoridad competente y las fórmulas de cooperación entre dichas autoridades, así como la información sobre recursos humanos, financieros y de otro tipo destinados a la ejecución del plan de inspección.

Como previsiones «materiales» que predeterminan, en último término, el contenido de los planes de inspección a aprobar por cada Estado miembro de la UE, y su misma ejecución, el Reglamento sobre Traslados establece las siguientes, en particular:

i. Cabe la posibilidad de realizar inspecciones en el punto de origen, ante el productor, poseedor o notificante; en el punto de destino, incluidas la valorización o eliminación intermedias o definitivas, ante el destinatario o en la propia instalación; en las fronteras exteriores de la UE; y durante el traslado por el interior de la UE.

---

101 En este sentido, no pasa desapercibido que, tras modificarse el Reglamento sobre Traslados por Reglamento (UE) 660/2014, de 15 de mayo, la expresión «control sobre el terreno» fue sustituida por el término «inspecciones». A juicio de quien suscribe, y tomando igualmente en cuenta los datos publicados en el último informe de la Comisión Europea sobre la aplicación del Reglamento sobre Traslados, no parece que tal cambio haya favorecido la actividad inspectora de los traslados de residuos, ni su seguimiento, dado que, si bien pudiera parecer que dicho cambio extiende las posibilidades de fiscalización (al integrar otras actividades de inspección distintas de aquellos controles sobre el terreno), no clarifica ni permite conocer la tipología y alcance específico de las inspecciones llevadas a cabo por los distintos Estados miembros de la UE.

ii. En relación con las inspecciones de traslados de residuos, estas deben incluir la comprobación de documentos, la confirmación de identidad; y en su caso, control físico de residuos. Con todo, el Reglamento sobre Traslados no otorga ningún criterio o circunstancia detonante del aludido control físico.

iii. Cabe la posibilidad de que las autoridades competentes exijan a la persona física o jurídica en posesión (o que organiza el transporte) de una determinada sustancia u objeto que presente las siguientes pruebas documentales, a fin de verificar si es o no un residuo en el sentido de la Directiva Marco sobre Residuos, a que se remite igualmente el Reglamento sobre Traslados: prueba del origen y destino de dicha sustancia u objeto, y prueba de que dicha sustancia u objeto no constituye ningún residuo, incluida, cuando proceda, prueba de su funcionalidad. Todo ello sin perjuicio de los indicios u otros elementos probatorios obtenidos por aquellas mismas autoridades, a partir de la verificación de las condiciones de transporte, carga y descarga (*v. gr.*, embalaje, apilamiento adecuado). Por supuesto, la realidad de la sustancia u objeto transportados, y su consideración o no como residuo, presenta enorme trascendencia práctica, de modo que, en caso afirmativo, la falta de cumplimiento de las disposiciones y régimen aplicable a su traslado puede constituir traslado ilícito en los términos previamente examinados.

En España, el Plan Estatal de Inspección en Materia de Traslados Transfronterizos de Residuos 2021-2026[102] solo se refiere a los traslados de residuos fuera de la UE, con procedencia o destino hacia terceros países; mientras que corresponde a cada comunidad autónoma, dentro del ámbito de sus propias competencias, aprobar planes de inspección sobre aquellos otros traslados de residuos, ahora concernidos, dentro del territorio nacional, por un lado, y de la UE, por otro.

Aunque su examen particularizado excede del alcance del presente trabajo, el resultado de los planes de inspección adoptados a nivel nacional y regional interno puede deducirse, siquiera en sus contornos, a partir del informe que la Comisión Europea presenta cada tres años en relación con la aplicación del Reglamento sobre Traslados. En su último informe publicado, compresivo del periodo 2016-2019[103], la Comisión Europea revela algunos datos significativos sobre inspecciones y medidas de control de los traslados de residuos, incluyendo aquellos de envases de plástico, aun sin distinguir en función de su origen y destino:

102 Ministerio para la Transición Ecológica y el Reto Demográfico (2021). *Plan Estatal de Inspección en Materia de Traslados Transfronterizos de Residuos 2021-2026.* Disponible a través del enlace siguiente: <https://www.miteco.gob.es/content/dam/miteco/es/calidad-y-evaluacion-ambiental/planes-y-estrategias/planestataldeinspeccionenmateriadetrasladostransfronterizos2021-2026_tcm30-521966.pdf>.

103 Informe de la Comisión al Consejo y al Parlamento Europeo, de fecha 17 de marzo de 2023, «Sobre la aplicación del Reglamento (CE) n.º 1013/2006, relativo a los traslados de residuos». COM (2023) 142 final.

i. A partir de los datos disponibles, y dado que muy pocos Estados miembros de la UE ofrecieron información detallada sobre inspecciones (en particular, Alemania, Bélgica, Finlandia, Grecia y Portugal), no es posible conocer el tipo específico de controles empleado por dichos Estados o si incluyen inspecciones físicas en instalaciones u otros lugares. No obstante, sí es posible aventurar que el número de controles llevado cabo «varía considerablemente de un Estado miembro a otro».

ii. Como medidas de control de la ejecución, pocos Estados miembros de la UE aplican penas de prisión por incumplimientos del Reglamento sobre Traslados, sino que la mayoría castiga dichos incumplimientos con sanciones pecuniarias (en el caso más elevado, correspondiente a Chequia, hasta dos millones de euros). De todos modos, a partir de su contraste, «los datos no son lo suficientemente concluyentes y no permiten determinar si las sanciones más elevadas y las penas de cárcel de mayor duración sirven para disuadir de la realización de traslados ilícitos de residuos».

6. Traslados de residuos de envases de plástico hacia (o desde) terceros países: procedimientos y control en origen y destino

6.1 Contexto: restricciones y tendencias en los traslados transfronterizos de residuos de envases de plástico fuera de la UE

Cuando no se gestionan en la UE, los residuos de envases de plástico se trasladan a terceros países para su tratamiento. Asimismo, también la UE recibe residuos de envases de plástico para su gestión con procedencia de terceros países. Tales traslados transfronterizos, desde o hacia terceros países, se encuentran regulados por las convenciones y restantes normas de Derecho internacional y europeo aplicables, según apuntamos en su momento y se revisa en adelante.

De entrada, la legislación europea sobre residuos (concretamente, la Directiva Marco sobre Residuos) tiene como objetivo asegurar que la UE sea «autosuficiente» en la eliminación de sus residuos, por un lado, y en la valorización de «residuos municipales mezclados recogidos de hogares privados», por otro, lo que incluye, de hecho, a la mayoría de residuos de envases de plástico difíciles de reciclar[104].

A su vez, el Convenio de Basilea, por el que se rigen los traslados transfronterizos de residuos a nivel internacional, fue actualizado por medio de la Enmienda para Plásticos, según expusimos. A diferencia de la situación precedente, ahora solo quedan incluidos en la denominada «Lista Verde» de residuos (no peligrosos) aquellos residuos de plástico reciclables preclasificados y no contaminados, libres de materiales no

---

104 Al respecto, vid. Tribunal de Cuentas Europeo (2020). «Análisis 04: Medidas de la UE para abordar el problema de los residuos plásticos», p. 38.

reciclables y preparados para su reciclado inmediato de forma respetuosa con el medio ambiente. Es por ello por lo que, actualmente, las exportaciones de residuos de envases de plástico para su tratamiento —en particular, reciclado— fuera de la UE se sujeta a condiciones más estrictas, conforme con las previsiones del Convenio de Basilea tras la Enmienda para Plásticos.

Como consecuencia de lo anterior y de las limitaciones o endurecimiento en las condiciones de traslado de los residuos plásticos hacia (o desde) terceros países, las instituciones europeas pusieron de manifiesto una disminución en las exportaciones de residuos de envases de plástico hacia terceros países, ya desde principios de 2017, según datos disponibles del EUROSTAT[105].

Aun así, casi una tercera parte de la tasa declarada por la UE de reciclado de residuos de envases de plástico se logra mediante su traslado a terceros países. De hecho, los residuos de envases representan año tras año una proporción mayor de exportaciones de residuos plásticos fuera de la UE (75% en 2017 frente a 43% en 2012, aproximadamente)[106], lo que denota la fuerte dependencia de algunos Estados miembros de la UE del reciclado fuera de la UE para gestionar sus residuos de envases de plástico.

Por supuesto, la tendencia apuntada debe ponerse en contexto y relacionarse con la falta de capacidad (infraestructura) en la UE para la gestión de todos los residuos de envases de plástico, hasta tal punto que algunos estudios revelan que gran parte de los fondos presupuestados por la UE con destino a mejorar esa capacidad —en ocasiones, por encima de 30 % (aprox.)— no se traduce en gasto, por distintas causas asociadas a los retrasos en los procesos de contratación pública o a la falta de cofinanciación o de revisión o actualización de proyectos[107].

Ahora, el traslado de residuos fuera de la UE exige, con carácter general, y a fin de que su preparación para reutilización o reciclado se contabilicen a efectos de la consecución de los objetivos fijados por la Directiva Marco sobre Residuos, que el exportador pueda demostrar que dicho traslado cumple con los requisitos del Reglamento sobre Traslados y que el tratamiento de los residuos en cuestión fuera de la UE tiene lugar en condiciones «equivalentes, de forma general, a los requisitos del Derecho de la UE aplicable en materia medioambiental». Se trata de una cuestión que cobra gran trascendencia en sede de inspección y control de los traslados de residuos de envases de plástico, y que plantea evidentes dificultades, con el consiguiente riesgo de actividades ilegales.

---

105 *Comext - international trade in* . Disponible en el enlace siguiente:
   <https://ec.europa.eu/eurostat/web/international-trade-in-goods/data/focus-on-comext>.
106 Según datos disponibles del EUROSTAT, *Packaging waste by waste management operations and waste Flow*. Disponible en el enlace siguiente:
   <https://ec.europa.eu/eurostat/waste>.
107 En este sentido, vid. EUNOMIA (2019). «Study on investment needs in the waste sector and on the financing of municipal waste management in Member States», *COWI*, pp. 9, 33 y 34.

Asimismo, tampoco es posible desconocer que, al margen del reciclado, desde la UE también se trasladan residuos de envases de plástico hacia terceros países con destino a su eliminación. Se trata, en numerosas ocasiones, de un delito grave y complejo asociado al tráfico ilegal de aquellos residuos, muy vinculado al crimen organizado, que, a su vez, causa impactos significativos sobre el medio ambiente y la salud humana.

Sentado lo anterior, junto con las exportaciones de residuos de envases de plástico, la UE también recibe, desde terceros países, importaciones de dichos residuos, a veces como destino final para su tratamiento y otras como punto de tránsito. Desde que China prohibió la importación de residuos plásticos, algunos Estados miembros de la UE, a partir de 2016, experimentaron aumentos significativos de importaciones de residuos plásticos (*v.gr.*, España [25 %], Polonia [30 %], Eslovenia [68 %]).

Pese a los pocos datos disponibles sobre tratamiento final de residuos plásticos en la UE, la Comisión Europea puso de relieve que la UE solo dispone de instalaciones para reciclar la mitad de sus residuos plásticos, de modo que su importación con origen en terceros países ejerce una presión significativa sobre las capacidades de gestión de dichos residuos por parte de los Estados miembros de la UE.

Por lo demás, es preciso tomar en cuenta que, si bien no contiene ninguna proclamación expresa, el Convenio de Basilea alude en diversas ocasiones de forma indirecta a los principios de autosuficiencia y proximidad, por lo que dichos principios inspiran igualmente el régimen aplicable a los traslados de residuos fuera de la UE[108]. Así, el art. 4 del mismo Convenio de Basilea viene claramente a reconocer el principio de autosuficiencia al establecer como obligación general que sus Estados parte tomen todas las medidas apropiadas para «establecer instalaciones adecuadas de eliminación para el manejo ambientalmente racional de los desechos peligrosos y otros desechos, cualquiera que sea el lugar donde se efectúa su eliminación que, en la medida de lo posible, estará situado dentro de ella».

6.2 Procedimientos aplicables: traslados de residuos de envases de plástico con destino fuera de la UE (exportaciones)

Ante todo, el Reglamento sobre Traslados, aunque dedica especial y mayor atención a los traslados de residuos dentro de la UE, también regula las importaciones y exportaciones de residuos, desde o hacia terceros países respectivamente, según dejamos previamente apuntado. Se sigue la misma lógica ya presentada para traslados dentro de la UE, pero con mayores exigencias y connotaciones, unidas al factor de internacionalidad dimanante del Convenio de Basilea.

---

108 Al respecto, vid. Campins Eritja, M. (2006). «Tratado internacional de residuos: el Convenio de Basilea sobre el control de los movimientos transfronterizos de desechos peligrosos y su eliminación» (pp. 1286-1303). En Alonso García, E. y Lozano Cutanda, B. (Dirs.), *Diccionario de Derecho Ambiental*. Iustel.

En este sentido, se parte del mismo principio de «diferencia de trato según destino» sobre el que venimos insistiendo para diferenciar regímenes de vigilancia y control, y, por supuesto, de la distinta tipología de residuos, así como de su clasificación en el sistema de listas del Convenio de Basilea y del propio Reglamento sobre Traslados. Por lo tanto, el régimen o procedimiento aplicable a los traslados transfronterizos de residuos (desde o hacia terceros países) queda muy condicionado, entre otros aspectos, por la clasificación del residuo en cuestión —íntimamente relacionada con su peligrosidad—, lo que, en el caso de los residuos plásticos (incluyendo envases), significa tener que atender necesariamente a sus características específicas para determinar su inclusión, en particular, en la «Lista Verde» o en la «Lista Ámbar» de residuos, según examinamos previamente. Si para mayor facilidad se toma en cuenta la ubicación de los residuos plásticos en el Reglamento sobre Traslados al incorporar las listas del Convenio de Basilea, cabe distinguir entre los siguientes[109]:

i.   Residuos plásticos peligrosos:

a.   A3210 (Anexos IV, parte I, y V, Lista A —parte I—, del Reglamento sobre Traslados) y su equivalente AC300 (Anexo IV, parte II, del Reglamento sobre Traslados): residuos de materias plásticas, incluidas sus mezclas, cuando contengan constituyentes del Anexo I del Convenio de Basilea o estén contaminados con ellos en un grado tal que presenten una de las características del Anexo III del mismo Convenio de Basilea.

ii. Residuos plásticos no peligrosos:

a.   Y48 (Anexo IV, parte I, y Anexo V, Lista A —parte III—, del Reglamento sobre Traslados): residuos de materias plásticas, incluidas sus mezclas, con excepción de los siguientes: (i) residuos plásticos «peligrosos»; (ii) determinados residuos de materias plásticas, siempre que se destinen al reciclado de manera ambientalmente correcta y apenas se encuentren contaminados ni contengan otros tipos de residuos (concretamente, residuos de materias plásticas que consisten casi exclusivamente en un polímero no halogenado, en una resina curada o producto de condensación endurecido, o en algunos polímeros fluorados); y (iii) mezclas de residuos de materias plásticas, consistentes en polietileno (PE), polipropileno (PP) o tereftalato de polietileno (PET), siempre que cada material vaya a reciclarse por separado de manera ambiental-

109 Al respecto, vid. COMISIÓN EUROPEA (2021). «Waste shipments correspondents' guidelines no. 12 on the classification of plastic waste». Disponible en el enlace siguiente:
<https://environment.ec.europa.eu/system/files/2021-12/Correspondents'%20guidelines%20No%2012%20 final%20Nov%202021%20corr1.pdf>.

mente correcta y que apenas se encuentren contaminados ni contengan otros residuos.

b. EU48 (Anexo IV, parte I, del Reglamento sobre Traslados), equivalente al anterior: residuos de materias plásticas no cubiertos por la categoría AC300 ni por la categoría EU3011, así como mezclas de residuos de materias plásticas no cubiertas por el punto 4 del Anexo IIIA del Reglamento sobre Traslados.

c. B3011 (Anexo III, parte I, y Anexo V, Lista B —parte I— del Reglamento sobre Traslados) y su equivalente EU3011 (Anexo III, parte I, del Reglamento sobre Traslados): (i) residuos de materias plásticas siempre que se destinen al reciclado de manera ambientalmente correcta y apenas se encuentren contaminados ni contengan otros tipos de residuos (concretamente, residuos de materias plásticas que consisten casi exclusivamente en un polímero no halogenado, en una resina curada o producto de condensación endurecido, o en algunos polímeros fluorados); y (ii) mezclas de residuos de materias plásticas, consistentes en polietileno (PE), polipropileno (PP) o tereftalato de polietileno (PET), siempre que cada material vaya a reciclarse por separado de manera ambientalmente correcta y que apenas se encuentren contaminados ni contengan otros residuos.

Pese a tratarse de residuos plásticos no peligrosos, y como seguidamente se comprueba, interesa apuntar que la categoría Y48, sujeta a especial consideración bajo el Convenio de Basilea, se somete al régimen de notificación previa y autorización, y que solo la categoría B3011 puede encontrarse sometida al procedimiento de información general, siempre que sus residuos no se exporten a Estados no parte en la OCDE.

Sentado lo anterior, en lo que a la transferencia de residuos desde Estados miembros de la UE —como España— hacia terceros países no pertenecientes a la UE (o exportaciones) se refiere , el procedimiento aplicable depende, por un lado, de su operación de destino y, por otro, de la pertenencia o no del Estado receptor a la EFTA o de su sujeción a la Decisión OCDE:

i. Eliminación:

a. Prohibición de exportación:

i. Ámbito de aplicación: (i) exportaciones de residuos hacia Estados no pertenecientes a la EFTA[110]; y (ii) exportaciones hacia Estados pertenecientes a la EFTA, que formen parte del Convenio de

---

110 Actualmente, solo integran la EFTA los siguientes países: Islandia, Liechtenstein, Noruega y Suiza.

Basilea, cuando dichos Estados hayan prohibido importaciones de los residuos con los que se trata o sus autoridades tengan motivos para creer que los residuos no van a gestionarse de manera ambientalmente correcta. Asimismo, quedan prohibidas las exportaciones de residuos con destino a la Antártida y a países o territorios de ultramar.

    ii. Procedimiento: prohibición absoluta de exportaciones de residuos con destino a su eliminación, sin perjuicio de las obligaciones, si procede, de retirada de residuos.

b. Notificación previa y autorización:

    i. Ámbito de aplicación: exportaciones de residuos hacia Estados pertenecientes a la EFTA, siempre que también formen parte del Convenio de Basilea, cuando no concurra ninguna de las circunstancias previamente expuestas y determinantes de su prohibición.

    ii. Procedimiento: se trata del mismo procedimiento aplicable a los traslados de residuos dentro de la UE con algunas adaptaciones y disposiciones adicionales. (i) Quien pretenda exportar residuos destinados a su eliminación debe presentar notificación previa por escrito a la autoridad competente de expedición, cumpliendo con los restantes requisitos y condiciones para proceder al traslado de residuos (concretamente, contrato de traslado y fianza o seguro equivalente); (ii) una vez recibida la notificación, la autoridad competente de expedición remite una copia de esta y de sus documentos asociados a la autoridad competente de destino, con copia igualmente a aquellas de tránsito, dentro del plazo de tres días hábiles, siempre que no formule requerimiento de información adicional al notificante o rechace su notificación (por apreciar objeciones); (iii) desde la fecha de acuse de recibo por la autoridad competente de destino, todas las autoridades competentes implicadas (*i.e.*, origen, destino y tránsito) disponen de un plazo de treinta días —o sesenta para la autoridad competente de tránsito externa a la UE—, para autorizar el traslado en cuestión, con o sin condiciones, o formular objeciones, teniendo en cuenta que, en caso de silencio, se presume otorgada autorización tácita por las autoridades competentes de tránsito externas a la UE; y (iv) corresponde a las autoridades competentes de destino transmitir su decisión motivada al notificante, mientras que las autoridades competentes de expedición y tránsito en la UE, si fuera el caso, remiten copia sellada de la decisión de autorizar el traslado a la oficina de la aduana de exportación y a la de salida de la UE.

ii. Valorización:

    a. Prohibición de exportación:

        i. Ámbito de aplicación: exportaciones de los siguiente residuos desde la UE con destino a terceros países no sujetos a la Decisión OCDE: (i) residuos peligrosos del Anexo V del Reglamento sobre Traslados; (ii) residuos del Anexo V, parte III, del Reglamento sobre Traslados; (iii) residuos peligrosos no clasificados en ninguna categoría del Anexo V del Reglamento sobre Traslados; (iv) mezclas de residuos peligrosos, y de residuos peligrosos con residuos no peligrosos, no clasificadas en ninguna categoría específica del Anexo V del Reglamento sobre Traslados; (v) residuos que el país de destino haya clasificado como peligrosos mediante notificación conforme al Convenio de Basilea (art. 3); (vi) residuos cuya importación se encuentre prohibida en el país de destino; o (vii) residuos para los que la autoridad competente de expedición tenga razones para creer que no van a ser gestionados en el país de destino de manera ambientalmente correcta. Asimismo, quedan prohibidas las exportaciones de residuos con destino a la Antártida y a países o territorios de ultramar, en los términos, en este último caso, de las exportaciones hacia terceros países no sujetos a la Decisión OCDE.

        Si, por el contrario, los residuos en cuestión figuran en las listas de los Anexos III o IIIA del Reglamento sobre Traslados y su exportación no se encuentra, por principio, prohibida, es preciso consultar el Reglamento 1418/2007 para saber si el país de destino impone o no determinadas restricciones o condiciones (y procedimientos) aplicables.

        ii. Procedimiento: prohibición de exportaciones de residuos con destino a su valorización —sin perjuicio de las obligaciones, si procede, de retirada de residuos—, con algunas salvedades relativas a la posibilidad excepcional —y documentada— de exportar residuos peligrosos del Anexo V del Reglamento sobre Traslados si no presenta ninguna de las características peligrosas establecidas a nivel europeo (Anexo III de la Directiva Marco sobre Residuos).

b. Notificación previa y autorización:

i. Ámbito de aplicación: (i) traslados de residuos de los Anexos III, IIIA, IIIB, IV y IVA del Reglamento sobre Traslados —o residuos o sus mezclas no clasificadas en ninguna categoría específica con fines de valorización— con destino a terceros países sujetos a la Decisión de la OCDE, en los mismos términos y condiciones (*mutatis mutandis*) expuestos para traslados de residuos dentro de la UE; (ii) traslados de residuos no clasificados en ninguna categoría específica del Anexo III o del Anexo IIIA (o clasificados en el Anexo IIIB cuando no incurra en prohibición) con destino a terceros países no sujetos a la Decisión OCDE; y (iii) en su caso, otros traslados de residuos de la «Lista Verde» (Anexos III y IIIA del Reglamento sobre Traslados) con destino a terceros países no sujetos a la Decisión OCDE, siempre que su exportación no se encuentre prohibida y se establezca su régimen de notificación previa y autorización conforme al Reglamento 1418/2007.

ii. Procedimiento: se trata del mismo procedimiento acabado de revisar sobre exportaciones de residuos hacia Estados pertenecientes a la EFTA y al Convenio de Basilea con destino a eliminación, con algunos matices para aquellos traslados transfronterizos de residuos dirigidos a terceros países sujetos a la Decisión OCDE: (i) quien pretenda exportar residuos destinados a su valorización debe presentar notificación previa por escrito a la autoridad competente de expedición, cumpliendo con los restantes requisitos y condiciones para proceder al traslado de residuos (concretamente, contrato de traslado y fianza o seguro equivalente); (ii) una vez recibida la notificación, la autoridad competente de expedición remite una copia de esta y de sus documentos asociados a la autoridad competente de destino, con copia igualmente a aquellas de tránsito, dentro del plazo de tres días hábiles, siempre que no formule requerimiento de información adicional al notificante o rechace su notificación (por apreciar objeciones); (iii) desde la fecha de acuse de recibo por la autoridad competente de destino, todas las autoridades competentes implicadas (*i.e.*, origen, destino y tránsito) disponen de un plazo de treinta días —o sesenta para la autoridad competente de tránsito externa a la UE y no sujeta a la Decisión OCDE—, para autorizar el traslado en cuestión (con o sin condiciones) o formular objeciones —ya revisadas y a las que interesa remitirse—, teniendo en cuenta que, en caso de silencio, se presume otorgada autorización tácita por las autoridades competentes de destino y tránsito externas a la UE; y (iv) corresponde a las autoridades competentes de destino transmitir su decisión motivada al notificante, mientras que las autoridades competentes de expedición y tránsito en la UE, si fuera el caso, remiten copia sellada de la decisión de autorizar el traslado a la oficina de la aduana de exportación y a la de salida de la UE.

c. Información general:

    i. Ámbito de aplicación: (i) traslados de residuos de la «Lista Verde» (Anexos III y IIIB del Reglamento sobre Traslados) y mezclas no clasificadas en ninguna categoría específica del Anexo III del Reglamento sobre Traslados (siempre que sean incluidas en el Anexo IIIA del Reglamento sobre Traslados y su composición no perjudique su valorización ambientalmente correcta), si su cantidad excede de 20 kg, con fines de valorización y destino a terceros países sujetos a la Decisión de la OCDE, en los mismos términos y condiciones expuestos para traslados de residuos dentro de la UE; (ii) residuos expresamente destinados a análisis de laboratorio; y (ii) en su caso, otros traslados de residuos de la «Lista Verde» (Anexos III y IIIA del Reglamento sobre Traslados) con destino a terceros países no sujetos a la Decisión OCDE, siempre que su exportación no se encuentre prohibida y se establezca su régimen de notificación previa y autorización conforme al Reglamento 1418/2007.

    ii. Procedimiento: se trata del mismo procedimiento ya revisado en su momento con respecto de los traslados de residuos dentro de la UE, por cuya virtud es preciso que los residuos vayan acompañados en todo momento del documento de identificación (Anexo VII del Reglamento sobre Traslados), a cargo de la persona «sujeta a la jurisdicción del país de expedición que organice el traslado», para su firma por su parte y por la instalación de valorización (o laboratorio) y destinatario de los residuos en el momento de su entrega.

Para mayor claridad, el presente trabajo incluye, como Anexo, un cuadro resumen ilustrativo del régimen jurídico aplicable a las transferencias de residuos con origen o destino hacia terceros países[111].

6.3 Procedimientos aplicables: traslados de residuos de envases de plástico con destino en la UE (importaciones)

Siguiendo el esquema propio de las exportaciones y sin necesidad de demasiadas reiteraciones, las transferencias de residuos desde terceros países no pertenecientes a la UE hacia el territorio de los Estados miembros de la UE, se sujeta a los siguientes procedimientos, en función de su operación de destino (eliminación o valorización), por un lado, y de la procedencia y tipología de los residuos, por otro:

    i. Eliminación:

        a. Prohibición de importación:

            i. Ámbito de aplicación: con carácter general, cualquier importación de residuos desde terceros países, con las siguientes salvedades: (i) importaciones de residuos procedentes de Estados parte en el Convenio de Basilea; (ii) importaciones de residuos procedentes de terceros países que no sean parte del Convenio de Basilea pero con los que la UE —o la UE y sus Estados miembros— hayan formalizado acuerdos o compromisos bilaterales o multilaterales conformes con la legislación europea y el Convenio de Basilea; (iii) importaciones de residuos procedentes de terceros países que no sean parte del Convenio de Basilea pero con los que los Estados miembros de la UE, a título individual, hayan formalizado acuerdos o compromisos bilaterales, en supuestos excepcionales cuando aquellos residuos no puedan gestionarse de manera ambientalmente correcta en el país de expedición, y siempre que tales acuerdos o compromisos sean conformes con la legislación europea y el Convenio de Basilea, y se notifiquen a la Comisión Europea; e (iv) importaciones de residuos procedentes de otras zonas, en caso de que «por motivos excepcionales en situaciones de crisis, establecimiento o mantenimiento de la paz, o guerra» no pueda formalizarse ningún acuerdo o compromiso bilateral o no se haya designado

---

111 Al respecto, dicho cuadro pretende simplificar y facilitar la comprensión de los contenidos detallados en el cuerpo del presente trabajo, pero no los sustituye ni resulta autosuficiente respecto de dichos contenidos, de modo que la información del aludido cuadro debe integrarse y completarse con los mismos.

a ninguna autoridad competente en el país de expedición, o esta no pueda actuar de ningún modo, por imposibilidad.

ii. Procedimiento: prohibición de importaciones de residuos con destino a su eliminación, con las salvedades acabadas de apuntar, y siempre que, en tales supuestos, se haya solicitado a aquellos terceros países de origen —pertenecientes o no al Convenio de Basilea—, excepto en situaciones excepcionales de crisis o guerra, la presentación previa de una solicitud debidamente motivada a la autoridad competente del Estado miembro de la UE de destino, en la que pongan de manifiesto que ni poseen ni pueden obtener, según criterios razonables, la capacidad técnica e instalaciones necesarias para eliminar los residuos de manera ambientalmente correcta.

b. Notificación previa y autorización:

i. Ámbito de aplicación: (i) importaciones de residuos procedentes de Estados que forman parte del Convenio de Basilea e (ii) importaciones de residuos en situaciones excepcionales de crisis o guerra.

ii. Procedimiento: se trata del mismo procedimiento aplicable a los traslados de residuos dentro de la UE con algunas adaptaciones y disposiciones adicionales: (i) quien pretenda exportar residuos destinados a su eliminación debe presentar notificación previa por escrito a la autoridad competente de expedición, cumpliendo con los restantes requisitos y condiciones para proceder al traslado de residuos (concretamente, contrato de traslado y fianza o seguro equivalente); (ii) una vez recibida la notificación, la autoridad competente de expedición remite una copia de esta y sus documentos asociados a la autoridad competente de destino, con copia igualmente a aquellas de tránsito, dentro del plazo de tres días hábiles, siempre que no formule requerimiento de información adicional al notificante o rechace su notificación (por apreciar objeciones); (iii) desde la fecha de acuse de recibo por la autoridad competente de destino, todas las autoridades competentes implicadas (*i.e.*, origen, destino y tránsito) disponen de un plazo de treinta días —o sesenta días para la autoridad competente de tránsito externa a la UE— para autorizar el traslado en cuestión (con o sin condiciones) o formular objeciones (ya revisadas y a las que interesa remitirse), teniendo en cuenta que, en caso de silencio, se presume otorgada autorización tácita por las autoridades competentes de tránsito externas a la UE; (iv) como salvedad, en situaciones excepcionales de crisis o guerra, no se exige autorización de las autoridades competentes de expedición; y (iv) corresponde a las autoridades competentes de destino transmitir su decisión motivada al notificante, mientras que las autoridades competentes de expedición y tránsito en la UE, si fuera el caso, remiten copia sellada de la decisión de autorizar el traslado a la oficina de la aduana de importación y a la de entrada de la UE.

ii. Valorización:

  a. Prohibición de importación:

    i. Ámbito de aplicación: de forma similar, y con carácter general, cualesquiera importaciones de residuos desde terceros países, con las siguientes salvedades: (i) importaciones de residuos procedentes de terceros países sujetos a la Decisión OCDE; (ii) importaciones de residuos procedentes de Estados que formen parte del Convenio de Basilea; (iii) importaciones de residuos procedentes de terceros países que no sean parte del Convenio de Basilea, pero con los que la UE —o la UE y sus Estados miembros— hayan formalizado acuerdos o compromisos bilaterales o multilaterales conformes con la legislación europea y el propio Convenio de Basilea; (iv) importaciones de residuos procedentes de terceros países que no formen parte del Convenio de Basilea, pero con los que los Estados miembros de la UE, a título individual, hayan formalizado acuerdos o compromisos bilaterales, en supuestos excepcionales cuando aquellos residuos no puedan gestionarse de manera ambientalmente correcta en el país de expedición, y siempre que tales acuerdos o compromisos sean conformes con la legislación europea y el Convenio de Basilea, y se notifiquen a la Comisión Europea); e (v) importaciones de residuos procedentes de otras zonas, en caso de que, «por motivos excepcionales en situaciones de crisis, establecimiento o mantenimiento de la paz, o guerra», no pueda formalizarse ningún acuerdo o compromiso bilateral o no se haya designado a ninguna autoridad competente en el país de expedición, o esta no pueda actuar de ningún modo, por imposibilidad.

    ii. Procedimiento: prohibición de importaciones de residuos con destino a su valorización, con las salvedades acabadas de apuntar, y siempre que, en tales supuestos, se haya solicitado a aquellos terceros países de origen —pertenecientes o no al Convenio de Basilea—, excepto en situaciones excepcionales de crisis o guerra, la presentación previa de una solicitud debidamente motivada a la autoridad competente del Estado miembro de la UE de destino, en la que pongan de manifiesto que ni poseen ni pueden obtener, según criterios razonables, la capacidad técnica e instalaciones necesarias para eliminar los residuos de manera ambientalmente correcta.

b. Notificación previa y autorización:

    i. Ámbito de aplicación: importaciones de los siguientes tipos de residuos procedentes de terceros países sujetos a la Decisión OCDE o de otras zonas en situaciones excepcionales de crisis o guerra, o, en su caso, de Estados que forman parte del Convenio de Basilea, en los mismos términos y condiciones ya examinados para importaciones con origen en dichos terceros países para operaciones de eliminación: (i) residuos de la «Lista Ámbar» (Anexo IV del Reglamento sobre Traslados, que incluye, entre otros, aquellos residuos enumerados en los Anexos II y VIII del Convenio de Basilea); (ii) residuos de la «Lista Verde» que presentan alguna característica de peligrosidad (Anexo IVA del Reglamento sobre Traslados); (iii) residuos no clasificados en ninguna categoría específica de los Anexos III, IIIB, IV o IVA del Reglamento sobre Traslados; y (iv) mezclas de residuos no clasificadas en ninguna categoría específica de los Anexos III, IIIB, IV o IVA del Reglamento sobre Traslados, salvo si figuraran en su Anexo IIIA, los cuales están sometidos al régimen de información general.

    ii. Procedimiento. Se trata del mismo procedimiento acabado de revisar sobre importaciones de residuos desde Estados parte en el Convenio de Basilea con destino a eliminación, con algunos matices: (i) quien pretenda exportar residuos destinados a su valorización debe presentar notificación previa por escrito a la autoridad competente de expedición, cumpliendo con los restantes requisitos y condiciones para proceder al traslado de residuos (concretamente, contrato de traslado y fianza o seguro equivalente); (ii) una vez recibida la notificación, la autoridad competente de expedición remite una copia de esta y sus documentos asociados a la autoridad competente de destino, con copia igualmente a aquellas de tránsito, dentro del plazo de tres días hábiles, siempre que no formule requerimiento de información adicional al notificante o rechace su notificación (por apreciar objeciones); (iii) desde la fecha de acuse de recibo por la autoridad competente de destino, todas las autoridades competentes implicadas (*i.e.*, origen, destino y tránsito) disponen de un plazo de treinta días —o sesenta días para la autoridad competente de tránsito externa a la UE y no sujeta a la Decisión OCDE—, para autorizar el traslado en cuestión (con o sin condiciones) o formular objeciones (ya revisadas y a las que interesa remitirse), teniendo en cuenta que, en caso de silencio, se presume otorgada autorización tácita por las autoridades competentes de expedición y tránsito externas a la UE; (iv) como salvedad, en situaciones excepcionales de crisis o guerra, no se exige autorización de las autoridades competentes de expedición; y (v) corresponde a las autoridades competentes de destino transmitir su decisión motivada al notificante, mientras que las autoridades competentes de expedición y tránsito en la UE, si fuera el caso, remiten copia sellada de la decisión de autorizar el traslado a la oficina de la aduana de exportación y a la de salida de la UE.

c. Información general:

i. Ámbito de aplicación: (i) importaciones de residuos de la «Lista Verde» (Anexos III y IIIB del Reglamento sobre Traslados) y mezclas no clasificadas en ninguna categoría específica del Anexo III del Reglamento sobre Traslados (siempre que sean incluidas en el Anexo IIIA del Reglamento sobre Traslados y su composición no perjudique su valorización ambientalmente correcta), si su cantidad excede de 20 kg, con fines de valorización y procedencia de terceros países sujetos a la Decisión de la OCDE, en los mismos términos y condiciones (mutatis mutandis) expuestos para traslados de residuos dentro de la UE, o parte del Convenio de Basilea, en los mismos términos y condiciones ya examinados para importaciones con origen en dichos terceros países para operaciones de eliminación o valorización; y (ii) residuos expresamente destinados a análisis de laboratorio.

ii. Procedimiento: se trata del mismo procedimiento ya revisado en su momento con respecto de los traslados de residuos dentro de la UE, por cuya virtud es preciso que los residuos vayan acompañados en todo momento del documento de identificación (Anexo VII del Reglamento sobre Traslados), a cargo de la «persona suje-

ta a la jurisdicción del país de expedición que organice el traslado»,
para su firma por su parte y por la instalación de valorización (o
laboratorio) y destinatario de los residuos en el momento de su
entrega.

Tal y como se verifica, tanto las exportaciones como las importaciones de residuos, incluyendo las importaciones de envases de plástico, se someten a reglas más
estrictas cuando se destinan o proceden, respectivamente, de terceros países, al partir
de una prohibición general. A excepción de aquellos supuestos de Estados que forman
parte del Convenio de Basilea o están sujetos a la Decisión OCDE, entre otras circunstancias, a fin de garantizar cierta reciprocidad en el marco del Derecho internacional de
los traslados transfronterizos de residuos.

Por lo demás, los procedimientos son fundamentalmente los mismos que aquellos aplicables, con carácter general, a los traslados de residuos dentro de la UE (*i.e.*
Título II del Reglamento sobre Traslados), con algunos matices o consideraciones adicionales, de entre las que merece especial mención la necesidad de que los traslados
transfronterizos con terceros países, tanto importaciones como exportaciones, garanti-
cen una gestión ambientalmente correcta, conforme con el art. 49 del Reglamento sobre
Traslados, a fin de poder llevarse a cabo.

Para mayor claridad, y como ya apuntamos, el presente trabajo incluye, como
Anexo, un cuadro resumen ilustrativo del régimen jurídico aplicable a las transferencias de residuos con origen o destino hacia terceros países.

6.4 Inspección y control en origen y destino

De acuerdo con el Reglamento sobre Traslados, las autoridades competentes en la UE,
tanto de expedición (en supuestos de exportaciones) como de destino (en caso de importaciones), se encuentran obligadas a exigir y garantizar en la medida de lo posible
que la gestión de los residuos en cuestión se lleve a cabo de forma ambientalmente
correcta durante todo el transcurso del traslado y en la valorización o eliminación final.
Por supuesto, el alcance de tal exigencia varía sustancialmente, en función del tipo de
traslado, de modo que frente a la posibilidad y deber de «tomar las medidas necesarias» para asegurar aquella gestión ambientalmente correcta en importaciones, las autoridades competentes de la UE, por los propios límites de su jurisdicción y competencias, solo pueden «procurar garantizar» que se cumpla con dicho estándar de gestión
en exportaciones, por parte de los respectivos terceros países de destino.

Aun así, las aludidas autoridades competentes en la UE, siempre que tengan
dudas o razones para creer que los residuos no van a gestionarse de forma ambien-

talmente correcta, pueden rechazar —o incluso prohibir— sus respectivos traslados trasfronterizos con terceros países.

Aun cuando el estándar de «gestión ambientalmente correcta» solo se establece para importaciones, a partir de las definiciones y criterios de la Directiva Marco sobre Residuos y restantes normas aplicables en la UE, el Reglamento sobre Traslados establece la siguiente presunción para exportaciones, junto con las directrices orientativas de su Anexo VIII:

> El requisito de gestión ambientalmente correcta se presumirá cumplido, en lo que respecta a la operación de valorización o eliminación de residuos correspondiente, si el notificante o la autoridad competente del país de destino puede demostrar que la instalación receptora de los residuos funcionará con arreglo a normas de protección de la salud humana y de protección medioambiental equivalentes de forma general a las normas establecidas en la legislación comunitaria (art. 49.1 del Reglamento sobre Traslados).

No obstante, y como se encarga de subrayar el mismo precepto, tal presunción no prejuzga la evaluación general de la gestión ambientalmente correcta durante todo el transcurso del traslado de residuos en cuestión, incluidas las operaciones valorización o eliminación en el país tercero de destino.

En este sentido, al igual que sucede con los traslados de residuos dentro de la UE, pero aún con mayor intensidad, el documento de movimiento (a saber, Anexo IB del Reglamento sobre Traslados) adquiere enorme trascendencia en los traslados transfronterizos de residuos de envases de plástico con terceros países, sobre todo en supuestos de exportaciones. Así es, una vez autorizado el respectivo traslado de residuos sujeto al régimen de autorización previa —se trata, al fin y al cambio, de los supuestos de mayor calado y preocupación en la práctica[112]—, todas las empresas y operadores intervinientes deben cumplimentar y firmar, y conservar copia de aquel documento de movimiento para su remisión a las autoridades competentes, desde el mismo inicio del trayecto hasta la finalización de las operaciones de valorización o eliminación de los residuos en la instalación correspondiente, que, a su vez, se encuentra obligada a certificar tal finalización.

Como dejamos apuntado, la regularidad de los traslados de residuos de envases de plástico fuera de la UE depende, entre otras condiciones, de la acreditación de que su tratamiento se lleva a cabo en condiciones «equivalentes, de forma general» a las de la UE, a partir del Reglamento sobre Traslados. A tal efecto, los aludidos certificados de valorización de aquellos residuos, los cuales se deben incorporar o adjuntar siempre al documento de movimiento para su remisión tanto al notificante como a las autorida-

---

112 En este sentido, vid. Agencia Europea de Medio Ambiente (2019). *ETC/WMGE Report no. 5/2019 «Plastics waste trade and the environment»*, p. 33.

des competentes, se erige como un documento imprescindible, aunque no sustitutivo de las labores de inspección o control a cargo de las autoridades pertinentes.

Sin embargo, si ya vimos las limitaciones y escasa información disponible en relación con las inspecciones y medidas de control aplicadas por las autoridades competentes en la UE respecto de aquellos traslados llevados a cabo a nivel europeo, los movimientos transfronterizos de residuos de envases de plásticos desde o hacia terceros países aún presentan mayores dificultades en términos de control de su regularidad. Tanto es así que la Agencia Europea del Medio Ambiente subraya que la verificación del cumplimiento de la legislación de la UE —en términos de equivalencia— se revela, en la práctica, insuficiente para responder y garantizar dicho cumplimiento, por diversos factores, incluyendo la falta de competencia de las autoridades de la UE y de sus Estados miembros en terceras jurisdicciones y, también, la falta de controles o labores de campo (sobre el terreno) por parte de las organizaciones de RAP en terceros países[113].

Y lo anterior sin perjuicio de la mayor presión ambiental, en término de contaminación, emisiones y fugas de plásticos al entorno, que el tratamiento de residuos de envases de plástico en terceros países causa a menudo, según datos de la misma Agencia Europea del Medio Ambiente, y del riesgo, por supuesto, de actividades ilegales, aprovechando las dificultades en el control e inspección de los traslados de aquellos residuos con destino fuera de la UE[114].Unido a lo anterior, ninguna de las medidas de seguimiento —puramente informativas—, introducidas por el Convenio de Basilea, que incluyen los informes sobre aplicación que sus Estados parte se encuentran obligados a presentar anualmente, ofrecen información concluyente sobre la eficacia de las medidas aplicadas en cada caso, a nivel nacional (o regional). De hecho, a la luz del último formulario disponible presentado por España ante la Secretaría del Convenio de Basilea para 2021[115], se desprende la insuficiencia de la información facilitada a fin de verificar las medidas implementadas, en realidad, por cualquier Estado parte en dicha convención, ya que se trata de un simple cuestionario con funcionalidad acaso meramente estadística, pero no de seguimiento y control efectivos.

De todos modos, a nivel nacional, el Plan Estatal de Inspección en Materia de Traslados Transfronterizos de Residuos 2021-2026[116] confirma cuanto precede en relación con las dificultades asociadas al control de la gestión ambientalmente correc-

---

113 *Ibidem*, p. 32.
114 Al respecto, vid. Tribunal de Cuentas Europeo (2020). «Análisis 04: Medidas de la UE para abordar el problema de los residuos plásticos», pp. 41 y 42.
115 *Basel Convention Spain's National Report (year 2021) (submission date: 27/12/2022).* Disponible en el enlace siguiente:
    <https://ers.basel.int/ERS-Extended/FeedbackServer/fsadmin.aspx?fscontrol=respondentReport&surveyid=83&voterid=56209&readonly=1&nomenu=1>
116 Ministerio para la Transición Ecológica y el Reto Demográfico (2021). *Plan Estatal de Inspección en Materia de Traslados Transfronterizos de Residuos 2021-2026.* Disponible a través del enlace siguiente:
    <https://www.miteco.gob.es/content/dam/miteco/es/calidad-y-evaluacion-ambiental/planes-y-estrategias/planestataldeinspeccionenmateriadetrasladostransfronterizos2021-2026_tcm30-521966.pdf>.

ta de los residuos exportados a terceros países, al recaer únicamente en el «punto de origen» de su traslado, lógicamente, respecto de aquellos otros residuos importados dentro del territorio de España, en cuyas aduanas e instalaciones finales de valorización o eliminación se llevan a cabo, muy destacadamente, inspecciones físicas (programadas o no).

En definitiva, las dificultades en la práctica para verificar no solo el cumplimiento de las condiciones aplicables a cada traslado de residuos de envases de plástico, en función del régimen o procedimiento aplicable en cada caso, sino el cumplimiento de la efectiva y adecuada gestión de dichos residuos en destino —fundamentalmente, en supuestos de exportaciones— termina ocasionando una mayor tasa de «traslados ilícitos» de aquellos residuos, máxime si se toma en cuenta su amplia definición y alcance. Así sucede, muy significativamente, con los traslados dirigidos a operaciones de tratamiento final distintas de las finalmente acontecidas —o en condiciones divergentes en cualquier «aspecto esencial»—, y, en particular, con el fenómeno conocido como *sham recycling* (*i.e.*, residuos destinados a valorización que terminan siendo sometidos a operaciones de eliminación, sobre todo mediante depósito en vertederos)[117].

Especialmente, tras la prohibición impuesta por China a la importación de residuos plásticos, los traslados o movimientos de dichos residuos hacia otros terceros países incrementaron sustancialmente, lo que supuso una mayor exposición al tráfico ilegal y condujo a las instancias europeas a la aprobación en último término del Reglamento 1418/2020, una vez recabada toda la información de aquellos terceros países no sujetos a la Decisión OCDE sobre los procedimientos y controles aplicables en sus respectivas jurisdicciones. Todo ello tras verificarse que los residuos recibidos por dichos terceros países —entre otros, Vietnam, Indonesia, Malasia o Tailandia— no se trataban de conformidad con la legislación aplicable. Así lo puso de manifiesto, de hecho, el Gobierno de España, en su Nota de la Subdirección General de Residuos «sobre traslados transfronterizos, especialmente de residuos de plásticos», publicada en febrero de 2020[118].

Con todo, aún hoy, el control sobre las exportaciones de residuos de envases de plástico representa uno de los grandes obstáculos a vencer en el marco del nuevo paradigma de la economía circular, tal y como tiene reconocido el legislador europeo para tratar de acotarlo en su Propuesta de Reglamento sobre Traslados. En particular, esta propuesta introduce medidas, por principio, dirigidas a mejorar el seguimiento y control de los traslados de residuos fuera de la UE, como la exigencia de prueba a

---

117 Al respecto, con análisis de la naturaleza y alcance de dicho fenómeno, vid. COMELLA P. L. (1993). «Understanding a Sham: When is Recycling, Treatment?», en *Boston College Environmental Affairs Law Review*, vol. 20, 3, 2, , pp. 415-452.

118 Secretaría de Estado de Medio Ambiente (2020). *Nota de la Subdirección General de Residuos sobre traslados transfronterizos, especialmente de residuos de plásticos*; accesible a través del siguiente enlace: <https://www.miteco.gob.es/content/dam/miteco/es/calidad-y-evaluacion-ambiental/temas/prevencion-y-gestion-residuos/notawebplasticos_tcm30-503189.pdf>.

cargo del tercer país de destino de que se encuentra en condiciones de valorizar los respectivos residuos en debidas condiciones o de auditorías independientes sobre exportaciones a cargo de las empresas u operadores interesados en exportar sus residuos fuera de la UE. Queda por ver si, una vez aprobada, la propuesta de Reglamento sobre Traslados logra resultados y pone coto a las tendencias producidas durante las últimas décadas en relación con el tráfico de residuos de envases de plástico hacia terceros países (concretamente, hacia aquellos no sujetos a la Decisión OCDE) en condiciones de incertidumbre de su tratamiento final.

7. Conclusiones

A partir de todo cuanto precede, y a modo de reflexiones finales y críticas, es preciso empezar por subrayar que la circularidad en la economía del plástico exige de la implementación de un conjunto de infraestructuras, sistemas e incluso modelos de negocio dirigidos a promover el diseño ecológico y la valorización de envases mediante su reutilización y reciclado, teniendo en cuenta que los residuos de dichos envases representan la mayor proporción del total de desechos plásticos generados en la UE (61 %, aproximadamente). En efecto, el modelo de «economía circular» no debe —ni puede— quedar en meras adscripciones normativas y es preciso un auténtico cambio de paradigma que implica transformaciones profundas, sobre todo a nivel económico y social. Quedan por resolver, aunque se encuentren en proceso, algunas cuestiones fundamentales en torno a los sistemas SDDR y su implementación, pero ya se advierten importantes avances en el ámbito de los residuos de envases de plástico y su gestión, como sucede con la extensión de los regímenes de RAP, cuya incidencia en toda la cadena de valor de dichos envases es significativa —incluso en fase de diseño—, al tiempo que ofrecen importantes señales al mercado para favorecer su reutilización y reciclabilidad.

A su vez, la consecución de los objetivos marcados, a nivel de la UE, sobre reciclado de envases de plástico, en cuanto que indicador de referencia para medir avances hacia el modelo circular deseado, depende muy significativamente de la recogida e intercambio de datos por parte de sus distintos Estados miembros, por lo que resulta indispensable, en vista del estado actual de la cuestión, seguir avanzando en la fiabilidad de dichos datos, por medio no solo de la armonización de los métodos empleados, sino del entendimiento y aplicación unitarios de la legislación sobre residuos y envases de plástico por parte de aquellos Estados miembros de la UE. Asimismo, si pretende acometerse con éxito una empresa tan considerable como la de la circularidad de los envases (en concreto, plásticos), interesaría cuanto antes, a juicio de quien suscribe, que se fijasen objetivos de reutilización a nivel de la UE, sin dejar tal posibilidad en manos de sus Estados miembros, a diferencia, por tanto, del actual enfoque de la Directiva sobre Envases.

Ciertamente, en los últimos años, el legislador europeo y nacional de España ha reforzado —en realidad, «endureciendo»— el marco normativo sobre recogida y gestión de los residuos de envases, y su cómputo, pero los traslados de dichos residuos, tanto internos como transfronterizos, siguen representando una amenaza para el aún incipiente modelo de la economía circular. No se trata solo de que, por lo general, y según advirtieron tempranamente las autoridades europeas y nacionales, los residuos de envases de plástico trasladados hacia terceros países no se traten en condiciones equivalentes a aquellas marcadas por la legislación europea de referencia (concretamente, Reglamento sobre Traslados), sino de que los mismos principios de autosuficiencia y proximidad exigen que, en la medida de lo posible, aquellos residuos se gestionen de manera adecuada dentro de su propio ámbito geográfico (v. gr., UE, España) y en el lugar más próximo a su generación.

Con todo, lejos de minorar, la tendencia en el traslado de residuos de envases de plástico ha sido y sigue siendo alcista, tanto en exportaciones como en importaciones, sobre todo tras las limitaciones impuestas por China con la consiguiente diseminación en destinos. Al respecto, las propias dificultades en la vigilancia y control de los traslados de residuos de envases de plástico redundan con frecuencia en supuestos de «tráfico ilícito» en el seno o no del crimen organizado transnacional, con sus graves implicaciones. De ahí la necesidad de reforzar, tal y como se advierte a partir de los informes y datos de seguimiento disponibles, los recursos (muy significativamente, humanos y financieros o económicos) y los mecanismos de cooperación y colaboración interinstitucional, e incluso, quizá, las atribuciones competenciales y funciones de las autoridades competentes en materia de traslados de residuos, para conjurar los riesgos asociados a aquel fenómeno del «tráfico ilícito».

Desde 2021, con la entrada en vigor de la Enmienda para Plásticos, los traslados de residuos plásticos fuera de la UE se sujetan a condiciones más estrictas, una vez clarificado el alcance del Convenio de Basilea respecto de dichos residuos, elevando de este modo la presión sobre la capacidad de valorización (concretamente, reciclado) de la UE. Aun así, subsisten ciertas dificultades que siguen jugando a favor de los traslados de residuos de envases de plástico hacia (o desde) terceros países, como sucede no solo con la aludida insuficiencia de recursos —e incluso de directrices técnicas—, sino con la propia identificación o clasificación de las sustancias u objetos transferidos como auténticos residuos o de sus operaciones de valorización o eliminación en destino.

Si se toma en cuenta que, según los últimos datos disponibles, una tercera parte de la tasa declarada por la UE de reciclado de residuos de envases de plástico se logra mediante su traslado a terceros países en condiciones prácticamente de dependencia por parte de algunos de sus Estados miembros, el cumplimiento de las políticas y objetivos de la UE pasa por perfeccionar y robustecer su marco legislativo actual —incluyendo también aquellas técnicas transversales de prevención y castigo de conductas ilícitas por medio del Derecho penal— y sus sistemas de vigilancia y control. Solo de este modo cabría llegar a concebir aquellos traslados o transferencias de residuos de envases de plástico como una oportunidad, en un contexto globalizado, y no como una amenaza para el modelo de economía circular.

Aunque los procedimientos aplicables al traslado de residuos de envases de plástico, tanto dentro como fuera de la UE, demuestran coherencia con las principales estrategias y políticas de la economía circular, al discriminar oportunamente entre operaciones en destino —a saber, valorización y eliminación— y tipología de residuos, algunas previsiones o técnicas empleadas juegan en contra de aquel modelo. Así sucede, por ejemplo, con la posibilidad de autorizaciones «tácitas» a los traslados de residuos, tanto intraestatales como dentro y fuera de la UE, en supuestos de falta de oposición u objeción en plazo, lo que no impide que los motivos (tasados) de oposición u objeción concurran efectivamente con los consiguientes problemas e ineficiencias causadas por la necesidad de revertir dicha situación y sus costes asociados.

Unido a lo anterior, la fiscalización de los traslados transfronterizos de envases de plásticos se deja, hoy por hoy, en manos de los distintos Estados miembros de la UE, sin que existan prescripciones normativas claras y completas sobre su contenido y alcance, lo que, según avanzamos, ocasiona disparidades significativas en detrimento de la eficacia de aquella fiscalización. En último término, la vigilancia y control de los reiterados traslados se basa fundamentalmente en el intercambio y seguimiento documental de los respectivos residuos, por medio de los documentos de movimiento (y, en su caso, certificados de valorización), que, si bien agiliza y facilita dicha labor, no se considera tan efectiva como las medidas de control *in situ*. Sucede, sin embargo, y como es lógico, que las inspecciones sobre el terreno resultan muy difíciles de implementar en zonas o territorios fuera de la jurisdicción del Estado o país de exportación de residuos de envases de plástico. Así lo demuestra, de hecho, en España, el Plan Estatal de Inspección en Materia de Traslados Transfronterizos de Residuos 2021-2026. Además, limitarse a trasladar al exportador (operador) la carga de demostrar que el tratamiento final de sus residuos de envases de plástico se produce en condiciones equivalentes a los requisitos del Derecho de la UE tampoco es la panacea, por las razones ya examinadas.

Mientras se sigan generando y derivando residuos de envases de plástico al ritmo actual, y no se adopten medidas efectivas de prevención, es de todo punto necesario asegurar, a falta de su tratamiento en el mismo origen, que su traslado se produce en condiciones ambientalmente adecuadas, de conformidad con la jerarquía de residuos y tomando en cuenta una perspectiva de circularidad. Por supuesto, cuanto más se amplía el «círculo» de los envases de plástico, involucrando especialmente a terceros países, mayores son las dificultades y mayor es el reto por devolver esos productos a la cadena de producción y consumo. Solo cabe esperar, por ahora, a que las medidas y acciones planteadas por la Propuesta de Reglamento sobre Traslados, una vez aprobada, sirvan para solventar algunas de las principales deficiencias detectadas en el régimen de intervención y control de los traslados de residuos de envases de plástico.

8. Referencias bibliográficas

Agencia Europea de Medio Ambiente (2012). *EEA Report no. 7/2012* «Movements of waste across the EU's internal and external borders».

Agencia Europea de Medio Ambiente (2019). *ETC/WMGE Report no. 5/2019* «Plastics waste trade and the environment».

Alenza García, J. F. (2022). «¿Objeto y finalidad de la nueva Ley de Residuos? Los conceptos de residuo, de subproducto y de fin de la condición de residuo», *Revista Aragonesa de Administración Pública (Monografías)*, XXI.

Alenza García, J. F. (2009). «Una nueva Directiva europea renueva la regulación de los residuos», *LegalToday*.

Brooks, A. L. *et al.* (2018). «The Chinese import ban and its impact on global plastic waste trade», *Science Advances*, 4 (6).

Campins Eritja, M. (2022). «Basilea, Roterdam y Estocolmo: un régimen internacional permeable para la gestión de residuos peligrosos y productos químicos», *Revista Catalana de Dret Ambiental*, XIII (2).

Campins Eritja, M. (2006). «Tratado internacional de residuos: el Convenio de Basilea sobre el control de los movimientos transfronterizos de desechos peligrosos y su eliminación». En Alonso García, E. y Lozano Cutanda, B. (Dirs.), *Diccionario de Derecho Ambiental*. Iustel.

Comella P. L. (1993). «Understanding a Sham: When is Recycling, Treatment?», *Boston College Environmental Affairs Law Review*, 20.

Comisión Europea (2021). *Waste shipments correspondents' guidelines no. 12 on the classification of plastic waste.*

Comisión Europea (2023). *España «Objetivos de reciclado de la UE para 2025» Estado de la cuestión.*

Convenio de Basilea (2002). *Directrices técnicas para la identificación y el manejo ambientalmente racional de los desechos plásticos y para su eliminación (UNEP/ CHW/6/21)*.

Convenio de Basilea (2019). *Guidance on the implementation of the Basel Convention provisions dealing with illegal traffic (párrafos 2, 3 y 4 del artículo 9) (UNEP/ CHW.13/9)*.

Cubel Sánchez, P. (1998). «El comercio internacional de desechos y la protección del medio ambiente. La Organización Mundial del Comercio y el Convenio de Basilea sobre movimientos transfronterizos de desechos peligrosos y su eliminación», *Anuario Español de Derecho Internacional*, XIV.

De la Mata Barranco, N. J. *et al.* (2018). *Derecho penal económico y de la empresa*, Dykinson.

Díez Sastre, S. (2018). *La formación de conceptos en el Derecho Público*, Marcial Pons.

Elliot, L. (2012). «Fighting Transnational Environmental Crime», *Journal of International Affairs*, 66 (1).

Eunomia (2017). *Study on waste statistics – a comprehensive review of gaps and weaknesses and key priority areas for improvement in the EU waste statistics*.

Eunomia (2019). «Study on investment needs in the waste sector and on the financing of municipal waste management in Member States», *COWI*, pp. 275.

Fayole, C. *et al.* (2019). *For Better Not Worse: Applying Ecodesign Principles to Plastics in the Circular Economy*, ECOS.

Hahladakis, J. N. y Iacovidou, E. (2018). «Closing the loop on plastic packaging materials: what is quality and how does it affect their circularity?», *Science of the Total Environment*, 630.

IMPEL-TFS (2012). *Final Project Report no. 2011/18 «Enforcement of EU Waste Shipment Regulation» (IMPEL-TFS Enforcement Actions II)*.

Informe de la Comisión al Consejo y al Parlamento Europeo (2023).2023. «Sobre la aplicación del Reglamento (CE) n.º 1013/2006, relativo a los traslados de residuos». COM (2023) 142 final.

Interpol (2013). *National Environmental Security Task Force* (NEST).

Jambeck, J. R. *et al.* (2015). «Plastic waste inputs from land into the ocean», *Science*, 347 (6223).

Jiménez Herrero, L. M. (2020). «Economía Circular-Espiral. Opciones Estratégicas desde el reciclaje al cambio sistémico», *Dossieres EsF*, 37, p. 7-15.

Kummer Peiry, K. (2011). «Convenio de Basilea sobre el control de los movimientos transfronterizos de los desechos peligrosos y su eliminación», *United Nations Audiovisual Library of International* Law.

Lobato Gago, I. (2017). *Economía Circular: De la «Eco-Obligación» a la «Eco-Oportunidad»*, CENEAM.

Lozano Cutanda, B. y Alli Turillas, J-C. (2022). *Administración y Legislación Ambiental*, Dykinson.

Marquès Banqué, M. (2018). «The Utopia of the Harmonization of Legal Frameworks to Fight against Transnational Organized Environmental Crime», *Sustainability*, 10 (10), 3576.

Meadows, D. H. *et al.* (1972). *The Limits to Growth*, Potomac Associates Book.

Ministerio para la Transición Ecológica y el Reto Demográfico del Gobierno de España (2021). Plan Estatal de Inspección en Materia de Traslados Transfronterizos de Residuos 2021-2026.

Morales Aymerich, J. P. (2011). «La capacidad de carga: conceptos y usos», *Recursos Naturales y Ambiente*, 63.

Muñoz Conde, F. *et al.* (2015). *Manual de Derecho Penal Medioambiental*, Tirant lo Blanch.

Nellemann, C. *et al.* (2014). *La crisis de delitos contra el medio ambiente. Amenazas al desarrollo sostenible procedentes de la explotación y el comercio ilegales de recursos forestales y de la fauna y flora silvestres. Una evaluación de respuesta rápida del PNUMA*, Programa de las Naciones Unidas para el Medio Ambiente y GRID-Arendal, Nairobi y Arendal.

Nogueira López, A. (2022). «¿Circular o en bucle? La insuficiente transformación de la legislación de residuos», *Revista Aragonesa de Administración Pública (Monografías)*, XXI.

Nogueira López, A. (2019). «Cuadrar el círculo», *InDret*.

Pernas García, J. J. (2022). «Responsabilidad ampliada del productor del producto: instrumento jurídico para el reparto social de los costes de la gestión de los residuos y el cumplimiento de los objetivos de circularidad (artículos 37 a 54, y 60)», *Revista Aragonesa de Administración Pública (Monografías)*, XXI.

Plastics Europe (2019). «An analysis of European plastics production, demand and waste data». *Plastics – the Facts*.

Plastics Europe (2019). «The Circular Economy for Plastics—A European Overview». *Technical Report*.

PNUMA (2013). *Manual de Capacitación sobre el Tráfico Ilícito para los servicios de aduanas y organismos encargados de hacer cumplir la ley.*

PNUMA (2019). *East Asia Customs propose a regional operation to target illicit transboundary movement of waste.*

Rockström, J. *et al.* (2009). «A safe operating space for humanity», *Nature*, 461.

Römph, T.J. y Cramer, J. M. (2020). «How to improve the EU legal framework in view of the circular economy», *Journal of Energy & Natural Resources Law*, 38(3).

Rucevska, I. *et al.* (2015). *Waste Crime – Waste Risks: Gaps in Meeting the Global Waste Challenge. A UNEP Rapid Response Assessment.* Programa de las Naciones Unidas para el Medio Ambiente y GRID-Arendal, Nairobi y Arendal.

Santamaría Arinas, R. J. (2019). «Economía Circular: líneas maestras de un concepto jurídico en construcción», *Revista Catalana de Dret Ambiental*, 10(1), pp. 1-37.

Secretaría de Estado de Medio Ambiente del Gobierno de España (2020). *Nota de la Subdirección General de Residuos sobre traslados transfronterizos, especialmente de residuos de plásticos*, pp. 1-7.

SEPA (2019). *Smarter Regulation of Waste in Europe (LIFE13 ENV-UK-000549) LIFE SMART Waste Project.*

Subsecretaría de Gestión para la Protección Ambiental del Gobierno de México (2021). *Criterios de Aplicación de la Enmienda BC-14/12 del Convenio de Basilea Sobre Movimientos Transfronterizos de Desechos y su Eliminación*, pp. 1-8.

TRAGSATEC (2021). «Estudio de viabilidad de la implantación de un Sistema de Depósito, Devolución y Retorno (SDDR) en España». *Ministerio para la Transición Ecológica y el Reto Demográfico*, pp. 632.

Trias Prats, B. (2022). «Traslado de Residuos (arts. 31 y 32)», en *Revista Aragonesa de Administración Pública (Monografías)*, XXI, pp. 311-344.

Tribunal de Cuentas Europeo (2020). *Análisis 04: Medidas de la UE para abordar el problema de los residuos plásticos.* Tribunal de cuentas europeo, pp. 1-61.

UN CC: e-Learn (2022). *Los desechos plásticos y el Convenio de Basilea: ¿Cómo podemos combatir el tráfico ilícito de desechos plásticos?.*

Oberle, B. *et al.* (2019). *Global resources outlook 2019: Natural Resources for the Future we Want. Summary for Policymakers.* ETH Zurich, pp. 1-19.

9. Anexo

CUADRO ILUSTRATIVO: RÉGIMEN JURÍDICO DE TRANSFERENCIA DE RESIDUOS DE ENVASES DE PLÁSTICO CON PAÍSES TERCEROS

		TIPO DE TRANSFERENCIA		TÍTULO / DOCUMENTACIÓN	PROCEDIMIENTO
EXPORTACIÓN	Eliminación (art. 34 a 35)	No pertenencia EFTA	Prohibición general	-	-
		Pertenencia EFTA	Todos los residuos	Notificación y autorización	Procedimiento general con matizaciones del art. 35
	Valorización (art. 36 a 38)	Países no sujetos a la Decisión OCDE	Prohibición de residuos peligrosos (art. 36.1)	-	-
			Residuos en las listas de los Anexos III o IIIA (Reglamento 1418/2007)	Notificación y autorización	Procedimiento general con matizaciones del art. 35
			Residuos no incluidos en las listas de los anexos III o IIIA	Documento de identificación (también residuos del art. 3.4)	Información general
		Países sujetos a la Decisión OCDE	Residuos del art. 3.1.b)	Notificación y autorización	Procedimiento general con matizaciones del art. 35
			Residuos del art. 3.2 y .4	Notificación y autorización	Procedimiento general con matizaciones del art. 38
				Documento de identificación	Información general
IMPORTACIÓN	Eliminación (art. 41 a 42)	No pertenencia C.B.: acuerdo/guerra o crisis	Prohibición general	-	-
		Pertenencia C.B./acuerdo/guerra o crisis	Todos los residuos	Notificación y autorización	Procedimiento general con matizaciones del art. 42
	Valorización (art. 43 a 44)	No pertenencia C.B./Decisión OCDE/acuerdo/guerra o crisis	Prohibición general	-	-
		Pertenencia C.B./Decisión OCDE/acuerdo/guerra o crisis	Residuos del art. 3.1.b)	Notificación y autorización	Procedimiento general con matizaciones del art. 44
			Residuos del art. 3.2 y .4	Documento de identificación	Información general

[1] Se toma en consideración como procedimiento general aquel regulado en el Título II del Reglamento 1013/2016 (a saber, traslados de residuos dentro de la UE).

[2] Convenio de Basilea.

10. Adenda

Reglamento (UE) 2024/1157 del Parlamento Europeo y del Consejo, de 11 de abril, relativo a los traslados de residuos, por el que se modifican los reglamentos (UE) 1257/2013 y (UE) 2020/1056, y se deroga el reglamento (CE) 1013/2006

I. SOBRE EL REGLAMENTO (UE) 2024/1157 DEL PARLAMENTO EUROPEO Y DEL CONSEJO, DE 11 DE ABRIL, RELATIVO A LOS TRASLADOS DE RESIDUOS: NOVEDADES PRINCIPALES

Tras un dilatado proceso legislativo iniciado en noviembre de 2021 con la propuesta de la Comisión Europea dirigida a mejorar y facilitar la transición hacia una economía circular en la Unión Europea («UE») por medio de la intervención y control de los traslados de residuos (dentro y desde -o hacia- la UE), finalmente, en abril de 2024, se ha publicado el Reglamento (UE) 2024/1157 del Parlamento y del Consejo, de 11 de abril (DOUE núm. 1157, de 30 de abril de 2024) (el «Reglamento sobre Traslados 2024»), por el que, señaladamente, se deroga el anterior Reglamento (CE) 1013/2006 del Parlamento Europeo y del Consejo, de 15 de junio, relativo a los traslados de residuos (DOUE núm. 190, de 12 de julio de 2006) (el «Reglamento sobre Traslados 2006»).

Su objeto sigue siendo el mismo, a saber: mejorar la gestión ambientalmente correcta de los residuos, proteger la salud humana y el medio ambiente, y facilitar la transición hacia una economía circular, a fin de lograr alcanzar una UE climáticamente neutra, eficiente en el uso de los recursos y competitiva.

Tal y como queda ahora expresamente recogido, el Reglamento sobre Traslados 2024 persigue prevenir el traslado de residuos, sobre todo fuera de la UE, así como la contaminación («a cero») mediante la «reducción de los efectos adversos que pueden derivarse de los traslados de residuos y del tratamiento de los residuos en su destino». A tal fin, el Reglamento sobre Traslados 2024 presenta una serie de novedades muy significativas, especialmente en lo que respecta al régimen aplicable a las exportaciones de residuos hacia terceros países.

Publicado en fecha 30 de abril de 2024, la entrada en vigor del Reglamento sobre Traslados 2024 se produjo el 21 de mayo posterior, pero su aplicación queda demorada, con carácter general, hasta el **21 de mayo de 2026**, con algunas salvedades (y dentro de los plazos) previstos por la propia norma (art. 86).

Sin perjuicio del mayor detalle ofrecido en adelante sobre determinadas cuestiones de interés para el trabajo de referencia, de que trae causa la presente adenda, cabría significar las siguientes novedades principales introducidas por el Reglamento sobre Traslados 2024:

i. Sobre el **régimen de notificación previa y autorización**, se mantiene (incluyendo la posibilidad de «notificaciones generales» para informar diversos traslados cuando se cumplen determinadas condiciones), con las siguientes particularidades:

   a. Respecto de la **autorización** a emitir por las autoridades competentes (art. 9), específicamente en traslados de residuos con destino a su eliminación, se establece la posibilidad de dichas autoridades, no ya únicamente de formular objeciones, sino de vetar directamente (no autorizar) el respectivo traslado, en caso de no cumplirse con los requisitos y condiciones aplicables a aquellos traslados con destino a eliminación.

   b. Respecto del **contrato entre notificante del traslado y su destinatario** (art. 6), se exige ahora expresamente la firma del operador de la instalación de valorización o eliminación de los residuos, en caso de no coincidir el destinatario del traslado con dicho operador.

   c. Respecto de las **obligaciones posteriores a la obtención de autorización** (art. 16), se añaden (o actualizan) las siguientes, en particular: (i) la obligación del notificante del traslado de asegurarse de que el documento de notificación (con las autorizaciones y condiciones impuestas por las autoridades competentes) se pone a disposición de las autoridades competentes correspondientes y de las autoridades que intervengan en las inspecciones por vía electrónica, «incluso durante el transporte de residuos», y (ii) la obligación de la instalación receptora de los residuos de confirmar al notificante y a las autoridades competentes dicha recepción, en un plazo de dos (2) días (en lugar de los tres —3— días previstos en el Reglamento sobre Traslados 2006). Asimismo, y de forma relevante, se contempla la obligación a cargo de todas las empresas intervinientes de garantizar que la información contenida en el documento de movimiento se pone a disposición por vía electrónica, del resto de intervinientes en el traslado, de las autoridades competentes correspondientes y de las autoridades inspectoras, «incluso durante el transporte».

d. Respecto de los **cambios sustanciales que pudieran producirse después de la autorización** (art. 17), se concreta el régimen aplicable y, a fin de agilizar su tramitación, se establece un plazo máximo de cinco (5) días hábiles para que las autoridades competentes se pronuncien sobre el respectivo cambio sustancial notificado. Asimismo, se precisa de forma reseñable, que, en caso de producirse algún cambio sustancial durante un traslado, el notificante debe suspender su envío «tan pronto como sea posible» hasta que las autoridades competentes se pronuncien sobre la necesidad o no de obtener nueva notificación.

ii. Sobre el **régimen de información general**, se introduce una nueva estructura y estatuto de derechos y obligaciones, con las siguientes particularidades:

a. Es preciso que, en todo caso, la persona que organiza el traslado[1] y la instalación de valorización de destino se encuentren debidamente **autorizadas o registradas** conforme a la legislación en materia de residuos.

b. No solo hay que acompañar el traslado de residuos de que se trate con el documento de identificación del Anexo VII del Reglamento sobre Traslados 2024, sino también, y como sucede con el documento de movimiento en el régimen de notificación previa y autorización, **poner a disposición dicha información por vía electrónica, «incluso durante el transporte»**, de las demás personas que intervengan en aquel traslado, de las autoridades competentes correspondientes y de las autoridades inspectoras.

c. En relación con el aludido documento de identificación del Anexo VII del Reglamento sobre Traslados 2024, la persona que organiza el traslado es **responsable de completarlo y actualizarlo** en caso de producirse cualquier cambio durante el transporte.

d. Muy significativamente, la instalación de valorización o laboratorio receptores de los residuos deben confirmar dicha recepción en el plazo de dos (2) días y emitir un **certificado de finalización de la respectiva operación de valorización**, dentro del plazo de un (1) año desde aquella recepción.

iii. Sobre los **traslados de residuos fuera de la UE (exportaciones)**, se mantiene la prohibición general de exportaciones con destino a operaciones de eliminación, de modo que las novedades se centran en aquellos traslados de residuos hacia terceros países con fines de valorización:

a. Respecto de las exportaciones de **residuos peligrosos** a países a los que **no aplica la Decisión OCDE**[2], se amplía el listado de dichos residuos cuya ex-

---

1 Concepto ahora definido como cualquiera de las siguientes personas físicas o jurídicas, sujetas a la jurisdicción nacional del país de expedición, que efectúe o tenga previsto efectuar un traslado o que haga efectuar, o tenga previsto hacer efectuar, dicho traslado: (i) productor de residuos original; (ii) nuevo productos de residuos que realiza operaciones antes del traslado que den lugar a un cambio en la naturaleza o composición de los residuos; (iii) recogedor autorizado que, a partir de diversas pequeñas cantidades del mismo tipo de residuos recogidos de distintas procedencias, haya agrupado el traslado que debe iniciarse desde un lugar único; (iv) negociante o agente que actúe en nombre de cualquiera de los sujetos anteriores; o (v) poseedor de los residuos, cuando los anteriores sujetos sean desconocidos.

2 Decisión C (2001) 107 final del Consejo de la OCDE, relativa a la revisión de la Decisión C (92) 39 final, sobre el control de los movimientos transfronterizos de residuos destinados a operaciones de valorización

portación queda prohibida, incluyendo los desechos plásticos clasificados en la categoría «B3011» (desechos plásticos presuntamente no peligrosos, cuando proceda, por su carga contaminante).

b. Respecto de las exportaciones de **residuos no peligrosos** a países a los que **no aplica la Decisión OCDE**, se establece un nuevo régimen: en esencia, se prohíben las exportaciones de aquellos residuos no peligrosos incluidos en el art. 40.1 del Reglamento sobre Traslados 2024, y, a su vez, se permiten las exportaciones de residuos no peligrosos con destino a operaciones de valorización hacia países específicamente listados por la Comisión Europea, conforme al art. 41 de la misma norma. En este sentido, es preciso que el país correspondiente (no incluido en la Decisión OCDE) supere un proceso de evaluación ante la Comisión Europea para poder formar parte de la aludida lista de países autorizados para exportaciones de residuos no peligrosos con fines de valorización. Aunque los desechos plásticos no peligrosos (categoría "B3011") no se encuentran incluidos en el art. 40.1 del Reglamento sobre Traslados 2024, y quedan entonces sujetos a aquel régimen de la lista de países, les resulta aplicable el procedimiento de notificación y autorización previas por escrito.

c. Respecto de las exportaciones de residuos hacia países a los que **aplica la Decisión OCDE**, se contempla la aplicación *mutatis mutandis* del mismo régimen previsto para traslados de residuos entre Estados miembros de la UE. Como novedad, el Reglamento sobre Traslados 2024 añade (i) disposiciones adicionales de aplicación conjunta con el mencionado régimen de traslados dentro de la UE, y (ii) la obligación de la Comisión Europea de realizar seguimiento y monitoreo de dichas exportaciones en determinados casos. En el caso de los residuos plásticos, se establece su sujeción al procedimiento de notificación y autorización previas por escrito, así como también un «control específico» por parte de la Comisión Europea[3].

iv. Por lo demás, se establecen **nuevas obligaciones** para exportadores y Estados miembros de la UE de exportación; obligaciones adicionales a aquellas dimanantes del régimen de traslado aplicable en función del tipo o categoría de residuos y del país de destino. En esencia, y sin perjuicio de su desarrollo posterior, tales obligaciones guardan relación con la exigencia (i) al exportador, de disponer de un informe de auditoría favorable de la instalación receptora de los correspondientes residuos, por un lado, y (ii) al Estado miembro de la UE de exportación, en cada caso, de garantizar que aquellos traslados realizados bajo su jurisdicción se realicen de acuerdo con la legalidad vigente.

---

3 Conforme al art. 45.5 del Reglamento sobre Traslados 2024: «La Comisión ejercerá un control específico con respecto a las exportaciones de residuos plásticos a países a los que se aplica la Decisión de la OCDE. A más tardar el 21 de mayo de 2026, la Comisión evaluará si los países a los que se aplica la Decisión de la OCDE y que importan de la Unión volúmenes significativos de residuos plásticos cumplen lo dispuesto en el presente artículo».

II. SOBRE EL RÉGIMEN DE CONTROL EN EL REGLAMENTO SOBRE TRASLADOS 2024: PROCEDIMIENTOS Y MECANISMOS CON ATENCIÓN A LOS RESIDUOS DE ENVASES DE PLÁSTICO

A partir del estudio y detalle de procedimientos y mecanismos de control en el trabajo de referencia, interesa ahora profundizar en algunos de los principales cambios llevados a cabo por el Reglamento sobre Traslados 2024, con respecto del anterior Reglamento sobre Traslados 2006, a fin de ofrecer una actualización (limitada, por la naturaleza y alcance de la presente adenda) de aquel trabajo.

Asimismo, interesa tomar nota de las novedades concernientes a los desechos plásticos, incluyendo envases, cuya gestión representa uno de los mayores retos medioambientales y sanitarios a nivel global, tal y como subraya el Reglamento sobre Traslados 2024 en sus considerandos iniciales. Dentro de la UE, tal desafío se aborda por medio de una serie de políticas y medidas normativas encaminadas a reducir su generación, mejorar su manejo y garantizar que su tratamiento cumpla con altos estándares ambientales; políticas y medidas que reflejan los grandes compromisos establecidos en el Pacto Verde Europeo y en el Plan de Acción para la Economía Circular de la UE[4], como estrategias troncales en sede ambiental.

1. Traslados de residuos dentro de la UE

En primer lugar, el **marco de procedimiento general** sigue siendo fundamentalmente el mismo, aunque el Reglamento sobre Traslados 2024 prohíbe ya de entrada, y con carácter general, cualquier traslado de residuos con destino a operaciones de eliminación, salvo autorización previa, e incluye significativamente, dentro del ámbito de aplicación del régimen de notificación previa y autorización, aquellos residuos clasificados como peligrosos conforme a la Directiva 2008/98/CE del Parlamento Europeo y del Consejo, de 19 de noviembre, sobre los residuos y por la que se derogan determinadas Directivas (DOUE núm. 312, de 22 de noviembre de 2008).

De este modo, el marco de procedimiento general queda configurado como sigue:

4 Comunicación de la Comisión al Parlamento Europeo, al Consejo, al Comité Económico y Social Europeo y al Comité de las Regiones, de fecha 11 de marzo de 2020, «Nuevo Plan de acción para la economía circular por una Europa más limpia y más competitiva»; COM (2020) 98 final.

Prohibición general	Régimen de notificación y autorización previas	Régimen de información general
Traslados de residuos (peligrosos o no) con destino a su eliminación, salvo autorización previa (por el procedimiento de notificación y autorización previas).	*a)* Traslados de determinados residuos con destino a su valorización (señaladamente, residuos de la «Lista Ámbar» y de la «Lista Verde» con alguna característica de peligrosidad, así como residuos y mezclas de residuos no incluidos en ninguna categoría específica, y residuos clasificados como peligrosos conforme a la legislación europea). *b)* Traslados de residuos municipales mezclados procedentes de hogares con destino a su valorización (en cambio, se prohíben en caso de destinarse a operaciones de eliminación).	*a)* Traslados de los siguientes residuos con destino a su valorización, siempre que su cantidad no exceda de 20 kg: (i) residuos de la «Lista Verde», y (ii) mezclas de residuos no clasificadas en ninguna categoría específica, en determinadas condiciones. *b)* Traslados de residuos destinados a análisis de laboratorio o ensayos de tratamientos experimentales, en determinadas condiciones.

Acerca del **procedimiento de notificación previa por escrito y autorización**, se mantiene la documentación y procedimiento a seguir a la hora de formular notificaciones (y notificaciones generales, con la salvedad de informar de cambios de itinerario por circunstancias imprevistas, siempre en la medida en que el documento de notificación haya contemplado itinerarios alternativos), así como la necesidad de constituir fianza o seguro equivalente, de modo que las grandes novedades vienen dadas en sede de autorización (y obligaciones posteriores).

Como ya anticipamos, aunque se mantiene el plazo de treinta (30) días para que las autoridades competentes emitan su decisión desde el acuse de recepción de la notificación respectiva, se contempla la posibilidad de que dichas autoridades, en lugar de autorizar (con o sin condiciones) o formular objeciones a un determinado traslado, lo rechacen (no autoricen expresamente), en aquellos supuestos de traslados de residuos con destino a su eliminación sin cumplir con las condiciones del art. 11 del Reglamento sobre Traslados 2024.

Muy en particular, y según se desprende de dicho precepto, cabe entender que las autoridades competentes pueden (en realidad, deben) vetar un determinado traslado con destino a eliminación, entre otros, en los siguientes supuestos: (i) si el notificante no logra justificar que los residuos no pueden valorizarse ni eliminarse de manera técnica y económicamente viable en el país de origen, o que el traslado cumple con la jerarquía de residuos o con los principios de proximidad y autosuficiencia; (ii) si las autoridades competentes disponen de información sobre si el notificante o el destinatario ha sido condenado por traslados u otros actos ilícitos relacionados con el medio ambiente o la salud humana en los cinco (5) años previos; (iii) si el Estado miembro de la UE de destino tiene prohibida la importación de residuos peligrosos u otros residuos; (iii) si el traslado en cuestión contraviene la legislación nacional, comunitaria o internacional; (iv) si se trata de residuos municipales mezclados recogidos de hogares particulares, de otros productores de residuos (o ambos), o de residuos municipales mezclados que hayan sido objeto de una operación de tratamiento de residuos que no ha alterado sustancialmente sus propiedades.

Aun con todo, el Reglamento sobre Traslados 2024 sigue apostando por el otorgamiento de "autorizaciones tácitas", en caso de falta de decisión de las autoridades competentes en plazo, lo que no impide, como ya advertimos en su momento, que los motivos de oposición u objeción (o no autorización) concurran efectivamente, con los consiguientes problemas e ineficiencias causadas por la necesidad de revertir dicha situación y sus costes asociados.

Por lo demás, ya dejamos apuntado que el Reglamento sobre Traslados 2024 introduce el requisito de firma del contrato de traslado por parte del operador de la instalación receptora de los residuos, en caso de no coincidir con la persona o entidad destinataria de aquel traslado, al tiempo que contempla algunas obligaciones adicionales posteriores a la autorización del traslado (muy señaladamente, puesta a disposición, por vía electrónica, incluso durante el transporte de residuos, del documento de movimiento y de notificación al resto de intervinientes en el traslado, a las autoridades competentes correspondientes y a las autoridades inspectoras). También se concreta y confiere agilidad a la tramitación de los cambios sustanciales posteriores a la obtención de autorización para un determinado traslado.

Con respecto del **procedimiento de información general**, el Reglamento sobre Traslados 2024 le confiere una nueva estructura, al tiempo que concreta y desarrolla el conjunto de derechos y obligaciones de las partes intervinientes en dicho procedimiento. Si bien se mantiene el papel central del formulario o documento de identificación (Anexo VII del Reglamento sobre Traslados 2024[5]), y del contrato de traslado, se introducen novedades muy significativas en el orden de garantizar un adecuado control y tratamiento final de los residuos:

i. Por un lado, se exige que la persona que organiza el traslado y la instalación de valorización de destino se encuentren debidamente autorizadas o registradas conforme a la legislación sobre residuos. Al respecto, la aludida instalación debe acreditar tal requisito ante la persona que organiza el traslado antes (con carácter previo) de su inicio. Ya no basta, entonces, el mero seguimiento del traslado por medio del formulario o documento de identificación, sino que se establecen «garantías» adicionales (*v. gr.*, puesta a disposición de documentación a las autoridades competentes por vía electrónica, prueba de permisos o registro de las instalaciones de tratamiento) de la adecuada gestión, en último término, de los residuos objeto de dicho traslado.

ii. Por otro lado, el propio seguimiento del traslado queda reforzado con la obligación de poner a disposición aquel formulario o documento de identificación, por vía electrónica, al resto de intervinientes en el traslado, a las autoridades competentes correspondientes y a las autoridades inspectoras, así como también con el deber a cargo de la instalación de valorización de emitir un certificado de finalización de la respectiva operación de valorización, dentro del plazo máximo de un (1) año

---

5 Al respecto, el Reglamento sobre Traslados 2024 contempla que la Comisión Europea adopte un acto con instrucciones sobre la forma de cumplimentar dicho formulario, a más tardar el 21 de mayo de 2026.

desde la fecha de recepción de los residuos (y de treinta -30- días desde la fecha de finalización de aquella operación).

Aunque, efectivamente, se mantiene la obligatoria suscripción del contrato de traslado entre la persona que organiza el traslado y su destinatario (con efectos, a más tardar, en el momento de cumplimentarse el correspondiente formulario o documento de identificación), se exime de su celebración en caso de trasladarse residuos entre establecimientos bajo control de la misma entidad jurídica, pudiendo entonces sustituirse por una declaración de dicha entidad jurídica.

2. Traslados de residuos hacia (o desde) terceros países

En materia de **exportaciones** de residuos fuera de la UE, el Reglamento sobre Traslados 2024 insiste en el principio de «diferencia de trato según destino», con algunos cambios relevantes en el régimen aplicable a las exportaciones con fines de valorización (en cambio, aquellas destinadas a eliminación siguen prohibidas, con la salvedad de los traslados hacia países de la EFTA -AELC, por sus siglas en español- que formen parte del Convenio de Basilea y no hayan establecido prohibiciones al respecto).

De forma esquemática, la regulación de los traslados de residuos hacia terceros países distingue entre:

i. Residuos con destino a operaciones de **eliminación** (Capítulo 1 del Título IV del Reglamento sobre Traslados 2024): solo cabe su exportación a países de la EFTA que también sean parte en el Convenio de Basilea. Luego, se siguen admitiendo exportaciones de residuos destinados a la eliminación únicamente a Islandia, Liechtenstein, Noruega y Suiza; siempre y cuando: *a*) el país de destino no haya prohibido las importaciones de los residuos en cuestión; *b*) la autoridad de expedición no tenga motivos para creer que los residuos no van a ser gestionados de manera ambientalmente correcta en el país de destino; y, de forma novedosa, *c*) se reúnan las condiciones para traslados de residuos destinados a operaciones de eliminación previstas en el art. 11 del Reglamento sobre Traslados 2024 (ya revisados *ut supra*). Con respecto del procedimiento a seguir, se contemplan adaptaciones al régimen de notificación y autorización previas respecto del anterior Reglamento sobre Traslados 2006, como la exigencia de documentación adicional o el deber de la autoridad de expedición de notificar cualquier solicitud y decisión por su parte a la autoridad competente de destino.

ii. Residuos con destino a operaciones de **valorización** (Capítulo 1 del Título IV del Reglamento sobre Traslados 2024), diferenciando, a su vez, entre:

    a. Traslados hacia **terceros países no sujetos a la Decisión OCDE**: por un lado, se prohíben las exportaciones de residuos peligrosos (incluyendo aquellos clasificados como tal por la legislación europea) y de «otros residuos determinados», con el detalle del art. 39 del Reglamento sobre Traslados 2024 (se incluyen, señaladamente y cuando proceda, desechos plásticos clasificados en la categoría «B3011»), y, por otro, se admiten aquellas exportaciones de residuos no peligrosos, pero solo hacia países específicamente listados por la Comisión Europea, conforme al art. 41 de la misma norma («sistema de lista»).

b.   Traslados hacia **terceros países sujetos a la Decisión OCDE**: se aplica *mutatis mutandis* el mismo régimen previsto para traslados de residuos dentro de la UE, aunque se añade de forma reseñable un procedimiento de seguimiento y salvaguarda de las exportaciones «con el fin de garantizar que aquellas no entrañen un perjuicio significativo al medio ambiente o a la salud humana en el país de destino y que los residuos importados desde la Unión no sean trasladados a su vez a terceros países». En este sentido, tal procedimiento implica el deber a cargo de la Comisión Europea de mantener cierto control de las exportaciones hacia terceros países (ajenos a la UE, aunque les sea de aplicación la Decisión OCDE) con respecto de los cuales no se ostentan tantas garantías de tratamiento medioambiental adecuado en destino, por medio de requerimientos e incluso de la posibilidad por parte de esa Comisión Europea de adoptar actos de prohibición de exportaciones a países que no cumplan (o no aporten pruebas de cumplir) con los debidos estándares de gestión ambientalmente correcta[6].

Precisamente, es en el ámbito de las exportaciones hacia terceros países con fines de valorización donde el Reglamento sobre Traslados 2024 introduce mayores novedades, configurando un estatuto más estricto y completo en supuestos de traslados de residuos a terceros países no sujetos a la Decisión OCDE. Ahora, no solo se prohíben con carácter general aquellas exportaciones de residuos peligrosos a dichos terceros países (no sujetos a la Decisión OCDE), sino también de desechos no peligrosos, con la única salvedad de los residuos específicamente listados con destino a países igualmente designados por la Comisión Europea, a partir del nuevo sistema de «lista», debiendo asimismo cumplirse con una serie de condiciones orientadas a la seguridad y calidad del tratamiento final: (i) que los desechos se destinen a instalaciones autorizadas con arreglo a la legislación nacional del respectivo país para realizar operaciones de valorización; y (ii) que tales desechos no se destinen a operaciones intermedias (a menos que se lleven a cabo en el mismo país de destino o en otros específicamente listados). En el caso de residuos plásticos de la categoría «B3011», el Reglamento sobre Traslados 2024 especifica su procedimiento aplicable: notificación y autorización previas por escrito.

Acerca de la lista de países (no sujetos a la Decisión OCDE) autorizados para exportaciones de residuos no peligrosos con fines de valorización, cuya adopción por la Comisión Europea debe producirse antes del 21 de noviembre de 2026 (con actualizaciones bienales posteriores), su regulación de detalle en los arts. 41 y *ss* del Reglamento sobre Traslados 2024 se refiere, muy en particular, a la configuración, procedimiento a seguir y requisitos para que un tercer país pueda solicitar y quedar incorporado en esa lista. Como tales requisitos, se incluye significativamente la acreditación documental de la capacidad para gestionar de manera ambientalmente correcta los respectivos residuos para los que se solicita autorización. A su vez, y como contenidos específicos, la lista de países que se adopte finalmente debe incluir los si-

---

6 Definición que ahora incluye el clima como valor protegido, junto con el medio ambiente y la salud humana, por medio de la gestión ambientalmente correcta.

guientes datos, en particular: (i) nombre de los países autorizados; (ii) residuos específicos cuya exportación queda autorizada; (iii) información sobre las instalaciones autorizadas en cada país para valorización; y (iv) procedimientos de control específicos aplicables en cada país.

En lo que a las exportaciones hacia terceros países sujetos a la Decisión OCDE con fines de valorización se refiere, ya anticipamos la aplicación *mutatis mutandis* del mismo régimen previsto para traslados de residuos entre Estados miembros de la UE, aunque con algunas «adaptaciones» reseñables: (i) sujeción de los residuos plásticos (categoría «B3011») al procedimiento de notificación y autorización previas por escrito; (ii) prohibición de exportación de residuos municipales mezclados procedentes de hogares (y de otros productores)[7]; y (iii) posibilidad de emitirse autorización tácita por parte de la autoridad competente de destino fuera de la UE.

Por lo demás, en lo que a las **importaciones** de residuos en la UE se refiere, el Reglamento sobre Traslados 2024 no contiene novedades reseñables, al margen de las mayores adaptaciones (y garantías) procedimentales previstas para importaciones de residuos con destino a eliminación o valorización, siempre que procedan de terceros países parte en el Convenio de Basilea o sujetos a la Decisión OCDE, según corresponda (o en situaciones de crisis u operaciones de establecimiento o mantenimiento de la paz).

3. Obligaciones adicionales y régimen transitorio

Muy destacadamente, el Reglamento sobre Traslados 2024 deja atrás la presunción de gestión ambientalmente correcta prevista en la norma precedente para exigir al **exportador** las siguientes obligaciones orientadas a aquel tratamiento adecuado en destino: (i) con carácter *ex ante* al traslado, el notificante (o persona que organiza dicho traslado) debe encargar a un tercero independiente una auditoría de la instalación de destino (con tal de cerciorarse de que cumple ciertos requisitos de correcta gestión ambiental, incluidos en el Anexo X del Reglamento sobre Traslados 2024); y (ii) con posterioridad, el mismo notificante (o persona organizadora del traslado) debe informar a la Comisión Europea de la auditoría emitida, a efectos de que se integre en el Registro público de auditorías notificadas (cuya actualización corresponde a esa Comisión Europea).

Es preciso que el aludido informe de auditoría de la instalación de destino se haya emitido no más de dos (2) años antes de la exportación de los residuos en cuestión. Solo se exime, excepcionalmente, de la obligación de encargar y entregar auditorías en supuestos de acuerdos internacionales celebrados entre la UE y un tercer país sujeto a la Decisión OCDE por los que se reconozca que las instalaciones de dicho tercer país gestionan los residuos de manera ambientalmente correcta (sin perjuicio de la necesidad de realizar una auditoría inmediata, *ad hoc*, en caso de recibir información fiable de aquel dichas instalaciones ya no cumplen con los respectivos requisitos de gestión ambientalmente correcta).

También se refuerza el control del tratamiento de residuos en destino por medio de la exigencia a los Estados miembros de la UE de exportación (i) de adoptar todas las medidas necesarias para garantizar que las personas físicas y jurídicas bajo su jurisdicción exporten re-

7 A diferencia de lo establecido para exportaciones entre Estados miembros de la UE, en que sólo se prohíbe aquel traslado de residuos municipales mezclados procedentes de hogares (y de otros productores) cuando se destinen a eliminación, pero no a valorización.

siduos con una gestión ambientalmente correcta y cumpliendo con las condiciones aplicables a los traslados fuera de la UE, y (ii) de realizar las verificaciones pertinentes cuando tengan información fiable que sugiera que las personas físicas o jurídicas que exportan residuos desde la UE no cumplen con las obligaciones adicionales expuestas previamente para exportadores (art. 46 del Reglamento sobre Traslados 2024).

Por último, aunque el nuevo Reglamento sobre Traslados 2024 ya se encuentra vigente desde el 21 de mayo de 2024, su art. 86 establece distintas fechas de **aplicabilidad**: con carácter general, a partir del **21 de mayo de 2026**, y, con carácter particular, con respecto de algunas disposiciones relevantes ahora identificadas:

21 de noviembre de 2026	Régimen de prohibición de la exportación de determinados residuos plásticos contaminados a terceros países no sujetos a la Decisión OCDE (art. 39.1.d).
21 de mayo de 2026	Régimen de la exportación de residuos plásticos no peligrosos a terceros países no sujetos a la Decisión OCDE, siguiendo el procedimiento de notificación previa por escrito y autorización (art. 40.3.b).
21 de mayo de 2027	Régimen de prohibición de la exportación de residuos no peligrosos a terceros países no sujetos a la Decisión OCDE, con carácter general (art. 40).
21 de mayo de 2027	Obligación de auditoría en exportaciones a países de la EFTA de residuos destinados a eliminación (art. 38.2.b) y a terceros países sujetos a la Decisión OCDE con destino a valorización (art. 44.2.a).
21 de mayo de 2027	Obligaciones adicionales para exportadores y Estados miembras de la UE de exportación (arts. 46 y 47).